Présentes

Lauren Bastide

Présentes

Ville, médias, politique :
quelle place pour les femmes ?

ALLARY ÉDITIONS
RUE D'HAUTEVILLE, PARIS Xᵉ

© Allary Éditions, 2020.

AVANT-PROPOS

J'ai voulu écrire un livre engagé et radical. J'ai voulu aussi écrire un livre accessible et convaincant. Le résultat est entre vos mains, forcément imparfait. J'ai mis, pour celles et ceux qui s'intéressent de près à la thématique que j'explore, un maximum d'informations complémentaires en notes de bas de page et des dizaines de références dans la bibliographie, que vous trouverez à la fin de ce livre. Dans un geste très prévisible venant d'une femme, je vous prie de m'excuser pour les situations, les théories, les études et les projets que j'aurais oubliés ou pour ceux que je n'ai pas pu mentionner par manque de place. Ces pages contiennent néanmoins, ça, c'est certain, tout le bouillonnement propre à un tournant dans l'histoire des droits des femmes et des minorités raciales et sexuelles. Ce livre est un travail collaboratif. Je voudrais remercier Elisa Rojas, Rokhaya Diallo, Alice Coffin, Caroline de Haas, Chris Blache, Pascale Lapalud, Hanane Karimi, Anaïs Bourdet et Marie Dasylva, les penseuses et militantes féministes que j'ai reçues entre octobre 2018 et mai 2019 dans

Présentes

l'auditorium du Carreau du Temple et qui m'ont inspiré ces mots. La confiance qu'elles m'accordent m'honore. Une partie des droits d'autrice perçus pour cet ouvrage a été reversée aux associations et aux collectifs auprès desquels elles combattent – les Lesbiennes d'intérêt général, Nous Toutes, Une femme un toit (FIT), Lallab, Kali et Nkali Works – ainsi qu'à une cagnotte solidaire pour les quartiers populaires créée pendant la crise du Covid-19 de mars et avril 2020.

Je remercie tout particulièrement le Carreau du Temple et sa directrice, Sandrina Martins, de m'avoir permis d'organiser ces conférences et de les adapter sous forme de livre.

Dernière précision : ce livre est écrit en écriture inclusive, mais cela va de soi, maintenant.

INTRODUCTION

Pour que les femmes soient respectées, crues, valorisées, il faut, avant tout, œuvrer à ce qu'elles soient vues et entendues. Ce constat peut sembler simpliste, mais pour y aboutir, il faut commencer par faire quelque chose que personne ne fait jamais spontanément : compter. Posez la question pour voir, dans un dîner : « Combien de femmes politiques ont pris la parole sur les plateaux de télévision et à la radio pendant la période de confinement qu'a traversée la France au printemps 2020 ? » « Mais il y en a eu plein ! » va-t-on vous répondre, en vous citant aussi sec quelques noms. La réalité, c'est que les femmes politiques n'ont représenté que 25 % des invité·e·s politiques dans les médias pendant cette période (contre 30 % en temps normal). Alors qu'elles constituent 39 % des député·e·s et 50 % des membres du gouvernement. Mais ça, avant que je vous le dise, vous ne le voyiez pas[1]. Ce qu'il y a de plus redoutable dans l'invisibilisation des femmes, c'est qu'elle est invisible.

---

1. Baromètre politiquemedia.com publié par regards.fr, le 12 juin 2020, à

Présentes

Pendant des années, je me suis bercée de l'illusion que les médias étaient un reflet fidèle de la société. J'étais convaincue que, lorsque j'ouvrais un quotidien, allumais mon poste de radio ou me baladais sur un site d'info, j'avais à peu près autant de chances de tomber sur la parole d'une femme que sur celle d'un homme. La réalité, c'est que les femmes ne représentent, sur une journée de prise de parole médiatique, que 24 % du temps occupé[1].

Ce chiffre m'a sauté aux yeux un beau matin il y a cinq ans et je suis tombée de ma chaise. Il a fait bouillonner en moi un vif sentiment d'injustice. Je suis journaliste ! J'ai plus que quiconque conscience de la responsabilité des médias ! Comment peut-on laisser le monde être décrit, analysé, transmis à la société civile de façon si biaisée ! Comment peut-on une seule seconde envisager que la situation des femmes progresse si chaque jour, lorsqu'on allume la télévision, les visages masculins se succèdent ? Au journal télévisé et dans les talk-shows, un homme journaliste questionne, un autre homme, expert ou politique, répond, assène, développe, un homme encore amuse et lance des vannes.

---

partir des données collectées entre le 1ᵉʳ janvier et le 11 juin 2020. À noter qu'au plus fort de l'épidémie, à la sixième semaine de confinement, le chiffre descend à 11,8 %, soit 4 femmes invitées pour 30 hommes. Notons également la surreprésentation de femmes issues de la majorité gouvernementale et l'absence totale de femmes «de gauche» dans le classement des 10 personnalités politiques les plus invitées pendant cette période.

1. The Global Media Monitoring Project (Projet mondial de monitorage des médias), 2015. Ce baromètre international indépendant est remis à jour tous les cinq ans depuis 1995.

Introduction

Et dans la fiction qui suit, un homme héros sauve le monde. Comment la petite fille qui voit ces visages et ces cravates défiler sur son écran peut-elle se projeter à leur place, se rêver présidente, physicienne, écrivaine, si elle n'entend pas des voix féminines se joindre aux grands commentaires de notre époque ? Bien sûr, elle croise quelques visages féminins, mais ce sont le plus souvent ceux du témoin (la passante du micro-trottoir concernant la rentrée scolaire) ou de la victime (la jeune femme excisée, la joggeuse violée). C'est bien plus rarement qu'on entendra une femme s'exprimer en tant qu'experte. Vous faites une moue dubitative ? Des contre-exemples vous viennent déjà à l'esprit ? Alors comptons. Les femmes expertes représentent 19 % seulement des expert·e·s interrogé·e·s dans les médias[1]. L'après-midi, quand celles et ceux qui regardent majoritairement la télé sont les sans-emploi et les retraité·e·s, le taux de présence de femmes à l'écran remonte spectaculairement à 42 %, alors qu'à l'heure du *prime time*, lorsque la France entière est devant son petit écran, il passe à nouveau sous la barre des 29 %[2].

Ne croyez pas que ça m'amuse follement de vous balancer tous ces chiffres à la figure. Ils sont un mal nécessaire, car si on ne compte pas, on ne prend pas conscience de cette réalité. Le sexisme induit par notre langue y tient bien sûr un rôle clé : l'idée que le masculin

---

1. The Global Monitoring Project, 2015.
2. Rapport annuel du CSA, 8 mars 2019.

Présentes

est neutre a si bien imprégné nos esprits que l'on peut traverser une vie entière en oubliant que les filtres, notamment médiatiques, par lesquels nous percevons le monde ont bel et bien un genre. Et ce n'est pas le genre féminin ! On pourrait croire que les temps changent, qu'en cette époque qui a produit Malala Yousafzai, Greta Thunberg et Assa Traoré les choses évoluent rapidement. Que ces chiffres vont, grâce à l'action régénérante de la vague féministe actuelle, augmenter d'euxmêmes, et que d'ici peu les voix des femmes se feront plus audibles. Voire, comme le redoutent tant les masculinistes, couvrir le beau chant harmonieux des hommes. Qu'ils se rassurent. C'est désespérant. En 2018, l'année qui a suivi la vague #MeToo, la part des femmes classées parmi les 1 000 personnalités les plus médiatisées dans la presse française[1] a baissé à 15,3 %, contre 16,9 % en 2017[2]. Non seulement ça n'avance pas, mais ça recule. De là à en déduire qu'on veut bâillonner les femmes, il n'y a qu'un pas, que je ne m'autoriserai pas à franchir, parce qu'on ne se connaît pas encore très bien. Laissezmoi quelques pages pour me chauffer. Ce simple constat de la sous-représentation des femmes dans les médias mérite qu'on s'y penche longuement. Mille raisons l'expliquent. Mille réponses sont à apporter. Et cela tombe bien, c'est l'objet de ce livre.

Mais j'aimerais d'abord qu'on continue de

---

1. Enquête réalisée par la plateforme Press'edd.
2. Classement annuel des personnalités les plus médiatisées, 6e et 7e éditions, Press'edd, décembre 2018 et janvier 2020.

Introduction

s'interroger ensemble sur l'importance du fait de compter. Parce que compter, c'est identifier les représentations ; or les représentations modèlent la société. Elles permettent ou empêchent de rêver. Combien de femmes en lice pour la Palme d'or au festival de Cannes ? Quatre en 2019, contre 21 réalisateurs. Combien de femmes récompensées du prix Nobel d'économie ? Deux[1]. Mais est-ce vraiment un chiffre ? Quel pourcentage de femmes parmi les président·e·s d'université ? 17 %[2]. Ou enfin mon préféré : combien de rues portent des noms de femmes en France ? 4 % ! Quatre[3]. Pas un village de France où l'on n'oublie de glorifier Gambetta, le maréchal Leclerc ou Émile Zola, mais tant de femmes ayant marqué l'histoire de l'art, des sciences ou de la pensée ignorées au profit d'obscurs sous-préfets du XIXe siècle !

Les femmes sont absentes des lieux qui incarnent le pouvoir, la parole, le savoir. Où sont-elles pendant ce temps ? Eh bien, dans l'espace familial, conjugal, privé. Dans le lieu où, par un basculement de l'histoire, elles ont été confinées. Je n'irai pas jusqu'à dire par l'action d'un vaste complot capitaliste qui préférait les voir faire des bébés et entretenir gratuitement les foyers plutôt que penser et écrire, mais encore une fois, on vient

---

1. Élinor Ostrom, en 2009, qui n'était d'ailleurs pas économiste mais professeure de sciences politiques, et Esther Duflo, en 2019.
2. Enseignement supérieur, recherche et innovation - Vers l'égalité femmes-hommes. Chiffres clés, ministère de l'Enseignement supérieur, de la Recherche et de l'Innovation (ESRI), 2019.
3. Décompte de France TV info réalisé à l'occasion de la Journée internationale des droits des femmes, le 8 mars 2016.

Présentes

de se rencontrer et je suis un peu timide. Néanmoins, à ce stade de notre conversation, on peut se mettre d'accord sur un constat : les femmes sont invisibilisées. Les femmes sont silenciées. Ce que les femmes disent, pensent, savent, leur travail, leur héritage, a été méthodiquement planqué sous le tapis. Leur trace est effacée des écrits historiques et il a fallu le travail acharné d'historiennes féministes comme Michelle Perrot[1] pour prouver avec force à quel point les historiens eux-mêmes avaient œuvré à écarter les femmes du récit national. Dans le domaine scientifique, on a identifié un effet dit «Matilda»[2] qui désigne l'appropriation, par leurs collègues masculins, de découvertes réalisées par les femmes. Pour une femme scientifique, il y a de fortes probabilités de voir ses travaux repris par un chercheur homme, qui, parce qu'il est son supérieur hiérarchique par exemple, ou parce qu'il a plus de réseaux, finira par recevoir les lauriers. Qui connaît le nom de Jocelyn Bell Burnell, l'astrophysicienne qui découvrit en 1967 les

---

1. Michelle Perrot, *Les Femmes ou les silences de l'histoire*, Flammarion, 2012.
2. Ce concept a été théorisé par l'historienne des sciences Margaret W. Rossiter en 1993. Elle reprend la théorie du sociologue américain Robert Merton, qui avait démontré dans les années 1960 que certains chercheurs étaient invisibilisés au profit de collaborateurs ayant plus de notoriété, c'était «l'effet Mathieu». Margaret W. Rossiter prouve que cette invisibilisation est décuplée lorsqu'il s'agit de chercheuses. Elle donne au phénomène le nom d'«effet Matilda», en référence à la militante féministe américaine Matilda Joslyn Gage, qui avait analysé, au XIXᵉ siècle, la façon dont les hommes s'attribuaient les productions intellectuelles des femmes. L'exemple le plus ancien est *Le Soin des maladies des femmes*, ouvrage de référence sur la gynécologie écrit au XIᵉ ou XIIᵉ siècle par une docteure italienne, Trotula de Salerne. Ce livre, pendant des siècles, a été attribué à des hommes.

Introduction

pulsars, des étoiles à neutrons qui émettent des signaux périodiques, et vit son directeur de thèse rafler le Nobel avec son travail en 1975? L'erreur a été «réparée» en 2017 : Jocelyn Bell Burnell a reçu, trente ans plus tard, le Special Breakthrough Prize en physique fondamentale, doté de trois millions de dollars, somme qu'elle a décidé de vouer au financement de thèses menées par des femmes et par des chercheur·se·s réfugié·e·s. Parce que, évidemment.

Aujourd'hui encore, seuls 11% des laboratoires de recherche en Europe sont dirigés par des femmes, qui représentent 38% des chercheur·se·s. Seuls 3% des prix Nobel scientifiques, depuis 1901, ont été attribués à des femmes[1]. Va-t-il falloir attendre cinquante ans pour savoir combien de chercheuses, de nos jours, voient des collègues ou des supérieurs s'arroger la paternité de leurs découvertes? D'ailleurs, tiens, on dit «paternité»… La langue française excelle, elle aussi, à effacer la présence des femmes. Les électeurs, les décideurs, les entrepreneurs, les professeurs… Toujours ce satané masculin neutre. Qui n'a rien d'un fâcheux incident grammatical, mais est la marque d'un temps pas si lointain où l'on interdisait tout simplement aux femmes d'accéder à ces fonctions. Est-il utile de rappeler que la Révolution de 1789, dont notre drôle de nation est si fière, n'a pas donné le suffrage au peuple français, mais aux *hommes* français blancs. Geneviève Fraisse,

---

1. Programme L'Oréal-Unesco Pour les femmes et la science.

Présentes

philosophe et historienne de la pensée féministe, rappelle dans son essai *Muse de la raison*[1] que, pendant la Révolution française, il y a parmi les révolutionnaires des débats sur la capacité des femmes à penser. Les femmes n'ont voté pour la première fois en France qu'en avril 1945.

Résumons : les femmes sont invisibilisées partout où l'on produit de la connaissance, partout où l'on contribue à modeler l'inconscient collectif de la société. Et il ne peut pas y avoir de société juste si les représentations collectives se construisent en oubliant la moitié de l'humanité. Ce constat m'ayant rendue malade et honteuse, je me suis donc un peu emballée et j'ai décidé de faire ce que je pouvais faire en tant que journaliste : balancer des heures et des heures de voix de femmes dans l'espace public. Pour compenser. C'était sans doute un peu naïf, mais vous connaissez l'histoire des petits ruisseaux...

J'ai créé fin 2016 un podcast qui s'appelle *La Poudre* et dans lequel j'ai interviewé longuement des femmes. Je les ai interviewées, détail important, sans les interrompre, ni leur expliquer la vie, ce qui est reposant dans un espace médiatique où tout être féminin doit composer, en permanence, avec les aléas du *manterrupting* (dû à ces hommes qui interrompent systématiquement les femmes) et du *mansplaining* (dû à ces hommes qui expliquent la vie aux femmes), des anglicismes fort laids, je vous le concède, mais terriblement pertinents : nous aurons

---

1. Geneviève Fraisse, *Muse de la raison*, Alinéa, 1989.

Introduction

l'occasion de revenir sur ces phénomènes épuisants[1]. Ces femmes à qui j'ai donné la parole, je les ai choisies extraordinaires, guerrières, créatrices, inspirées. Je voulais graver dans le marbre leurs accomplissements actuels pour que personne ne puisse les effacer ensuite. J'avais l'obsession d'archiver. J'ai cocréé une société de production de podcasts, Nouvelles Écoutes, grâce à laquelle je peux passer le micro à d'autres femmes pour qu'elles le tendent à leur tour à d'autres, multiplient les points de vue et donnent à voir une autre réalité que celle qu'on nous présente partout comme universelle. J'ai aussi produit pour France Inter, pendant trois ans, une série d'émissions estivales, «Les Savantes», dans lesquelles j'ai eu le privilège immense d'échanger longuement avec les plus brillantes chercheuses de France.

Quand je vois la une du *Parisien* du 5 avril 2020, où, autour du titre pompeux «Ils racontent le monde d'après» s'étalent les visages et les noms de quatre hommes blancs d'un certain âge, je me dis que j'ai bien fait[2]. À l'heure où la société entière, secouée par une crise sanitaire, économique et politique, est en quête de nouveaux paradigmes, le réflexe est encore et toujours de se tourner vers une expertise exclusivement blanche et masculine et d'invisibiliser les femmes et les

---

1. J'y reviens dans le détail dans le chapitre 2, partie 1 : Journalistes et militantes.
2. Interpellée sur les réseaux sociaux par des militantes féministes et en interne par les femmes journalistes du quotidien, la direction de la rédaction du *Parisien* a présenté ses excuses, assurant que cette une était «une maladresse qui n'illustre en rien la ligne éditoriale du journal».

Présentes

personnes racisées. Un réflexe d'autant plus choquant qu'on sait que, pendant la période de confinement du printemps 2020, les femmes constituaient la majorité des professions de «première ligne» (70% des soignant·e·s, 80% des personnels d'entretien, 70% des métiers de l'éducation).

Ma réponse militante a donc été de créer une collection de femmes géniales, comme pour conjurer l'idée persistante que les femmes seraient moins capables que les hommes de l'être, géniales. Ce réflexe du catalogue de femmes illustres est à l'origine de moult démarches militantes. On retrouve cette même pulsion dans une installation de l'artiste féministe américaine Judy Chicago, *The Dinner Party*, qui m'a chamboulée lorsque je l'ai vue pour de vrai au Brooklyn Museum, à New York[1]. Cette œuvre colossale, qui fut exposée pour la première fois en 1979, est une grande table triangulaire autour de laquelle sont disposés les assiettes et les couverts de 69 femmes de génie injustement effacées du récit historique. De la création du site Expertes à la bande dessinée multiprimée *Culottées*, de Pénélope Bagieu, en passant par les journées du Matrimoine[2], il y a une urgence à dire le nom des femmes et à faire applaudir leurs accomplissements.

---

1. Elle fait aujourd'hui partie de la collection permanente du Elizabeth A. Sackler Center for Feminist Art, du Brookyn Museum, à New York.
2. Créées en 2014 par l'association HF Île-de-France, il s'agit de trois journées en septembre au cours desquelles est mis en valeur, au sein de lieux culturels, le travail de femmes créatrices et intellectuelles méconnues ou oubliées.

Introduction

Et puis, à l'automne 2017, les femmes du monde entier se sont toutes mises à dire « Moi aussi ». Et un fait nous a sauté aux yeux : les femmes sont en permanence à la merci de l'agression sexuelle, du viol et des violences sexuelles. Les violeurs ne sont pas nommés et, qui plus est, pas punis[1]. Pourquoi ? Parce qu'on ne croit pas les femmes. Bien sûr que non ! Dans ce monde où elles sont si rarement entendues en position d'autorité, quelle valeur peut avoir leur parole ? Et quelle confiance doivent-elles déployer pour avoir le courage de dire : « Écoutez-moi ! » Ce qui change avec #MeToo, c'est que les femmes disent « je » en même temps dans l'espace public. Elles le disent si fort qu'elles brisent les murs et révèlent un autre réel : le leur. Elles forcent les regards à se décaler. À se déneutraliser. Les réseaux sociaux, l'endroit où le mouvement a éclos, sont une extension moderne de ce qu'on appelle « l'espace public », ce lieu où se rencontrent l'opinion publique, le pouvoir et les médias.

L'émergence de #MeToo n'est pas un hasard. Dans les années précédant l'explosion du mouvement, de nombreux lieux où les femmes pouvaient s'exprimer sereinement s'étaient multipliés partout sur Internet : des podcasts, des comptes Instagram, des Tumblr, des newsletters[2]. Armées des nouvelles technologies, ces femmes

---

1. Lire l'essai de Noémie Renard, *En finir avec la culture du viol*, préfacé par Michelle Perrot, Les Petits Matins, 2018.
2. Citons la pionnière des newsletters, Les Glorieuses, lancée en 2015 par l'économiste Rebecca Amsellem, mais aussi What's Good Newsletter, créée par Jennifer Padjemi et Mélody Thomas, ou encore Women who do stuff, newsletter collaborative qui met en avant le travail de femmes.

Présentes

ont reproduit les cercles non mixtes de leurs aînées, les féministes de la «seconde vague», celle qui commence autour de 1968 un peu partout dans le monde. Dans son essai *Le personnel est politique*, publié en 1970, la militante radicale américaine Carol Hanisch écrivait : «L'une des premières choses que l'on comprend dans les groupes de femmes, c'est que les problèmes personnels sont des problèmes politiques. Mais il n'y a pas de solution personnelle. Il n'y a que l'action collective, pour une solution collective.» Si les groupes non mixtes des années 1970 ont permis aux femmes d'identifier les inégalités reproductives – et ouvert la voie à l'adoption de lois autorisant la contraception et l'IVG[1], les groupes des années #MeToo ont permis de faire un constat sidérant : toutes les femmes sont concernées par les violences sexuelles. Une clameur a commencé à monter, elle a été amplifiée par les femmes les plus privilégiées socialement : les comédiennes d'Hollywood, peut-être celles à qui le micro est le plus souvent tendu. En dénonçant les agressions sexuelles que leur avait fait subir un puissant producteur d'Hollywood[2], en créant le collectif Time's up («Ça suffit») et en reprenant ce fameux hashtag #MeToo[3], elles ont mis le feu aux poudres. Elles ont dit haut et fort : «Moi aussi.» «Moi

---

1. Sur 203 pays étudiés par l'Organisation mondiale de la santé, seuls 55 autorisent à ce jour l'IVG sur simple demande. Chaque année, selon la même source, 47 000 femmes meurent dans le monde d'une IVG clandestine.
2. Harvey Weinstein.
3. Si l'actrice Alyssa Milano a donné à #MeToo un retentissement international, le hashtag avait été créé des années auparavant par une militante africaine-

Introduction

aussi j'ai été agressée, harcelée, violée.» Elles auraient presque pu dire : «Même moi.»

Le débat a alors enflé dans l'opinion : voulait-on vraiment vivre dans un monde où les hommes n'oseraient plus mettre des mains aux fesses des femmes? Cette légitime inquiétude a saisi une poignée de bourgeoises et d'intellectuelles françaises qui, quelques semaines après l'éclosion du mouvement, ont publié, dans le quotidien *Le Monde*, une tribune défendant pour les hommes la «liberté d'importuner»[1], notamment rédigée par les écrivaines Catherine Millet et Catherine Robbe-Grillet, et signée par un collectif de cent femmes, dont l'actrice Catherine Deneuve. Un extrait : «En tant que femmes, nous ne nous reconnaissons pas dans ce féminisme qui, au-delà de la dénonciation des abus de pouvoir, prend le visage d'une haine des hommes et de la sexualité. Nous pensons que la liberté de dire non à une proposition sexuelle ne va pas sans la liberté d'importuner. Et nous considérons qu'il faut savoir répondre à cette liberté d'importuner autrement qu'en s'enfermant dans le rôle de la proie.» On comprend que cette prise de position ait profondément exaspéré dans les rangs féministes. Ce qu'oublient de préciser les Catherine et leurs copines, c'est que les espaces qu'elles occupent ne sont pas ceux dans lesquels se déplacent la majorité des femmes! À nouveau, il est

---

américaine, Tarana Burke, qui, comme c'est étrange, a été invisibilisée par les médias.

1. «Nous défendons une liberté d'importuner, indispensable à la liberté sexuelle», *Le Monde*, 9 janvier 2018.

Présentes

question d'espace public et du fait que cet espace n'octroie pas les mêmes libertés à toutes les femmes. Les jeux de séduction mondains qu'elles évoquent n'ont rien de comparable avec les centaines d'agressions sexistes racontées par des femmes de tous âges et de tous horizons sur la plateforme Paye ta shnek[1], créée en 2012 par la graphiste Anaïs Bourdet, pionnière française de cette vague de prises de parole. Et puis c'est une chose d'être «importunée» quand on est une grande bourgeoise blonde hétérosexuelle, c'en est une autre d'être agressée lorsqu'on est une femme trans qui traverse la place de la République le soir[2], c'en est une autre d'être tabassées quand on est un couple de lesbiennes qui rentre du restaurant[3], c'en est une autre encore d'être attaquée à coups de couteau quand on est une femme musulmane portant le voile[4].

---

1. Chapitre 1 partie 1 de cet ouvrage.
2. Le dimanche 31 mars 2019, Julia, une jeune femme trans de 31 ans a été violemment prise à partie par un groupe de personnes à la sortie du métro, place de la République. Là, en plein cœur de Paris, elle a été huée, bousculée, puis frappée par un homme. Si elle se trouvait là, c'était parce qu'elle fuyait une première agression, celle de trois individus menaçants, survenue quelques minutes plus tôt alors qu'elle attendait le métro. Lire «Agression de Julia : la transphobie en procès à Paris», *Libération*, 22 mai 2019.
3. Dans la nuit du 29 au 30 mai 2019, à Londres, Melania Geymonat et sa petite amie Chris ont été violemment insultées, frappées et volées par des adolescents. La motivation des agresseurs ? Elles avaient refusé de s'embrasser devant eux. Lire «À Londres, un couple lesbien agressé dans un bus pour avoir refusé de s'embrasser», Huffington Post, 7 juin 2019.
4. Le mercredi 11 septembre 2019, dans la Loire, une mère de famille musulmane de 24 ans (constat intéressant : les médias n'ont pas jugé utile de transcrire son nom) a été poignardée une dizaine de fois sous les yeux de son compagnon et de ses deux enfants, âgés de 4 et 2 ans. Lire «Une femme voilée poignardée en pleine rue dans la Loire», LCI, 13 septembre 2019.

Introduction

Ah oui, car nous nous apprêtons à avoir une conversation féministe *intersectionnelle*. Et j'aimerais qu'on respire un grand coup et qu'on emploie sereinement cette notion d'intersectionnalité sur laquelle la pensée « universaliste » française tire à boulets rouges en lui accolant un tas d'adjectifs flippants type « identitaire », « racialiste » ou « communautariste ». La notion d'intersectionnalité a été formulée pour la première fois en 1989, sous la plume de la chercheuse et juriste africaine-américaine Kimberlé Williams Crenshaw pour décrire les violences spécifiques subies par les femmes noires, à l'intersection des violences sexistes et des violences racistes[1]. En gros, adopter un prisme de pensée intersectionnel, c'est ne pas se contenter d'apposer une lecture de genre sur les mécanismes de domination sociale. C'est prendre aussi en considération les oppressions qui s'entrecroisent avec le sexisme : racisme, mais aussi homophobie, transphobie, grossophobie ou validisme (les discriminations qui s'exercent contre les personnes handicapées). Penser de façon féministe intersectionnelle, c'est porter un combat

---

1. L'intersectionnalité est une méthodologie sociologique et féministe qui consiste à étudier les formes d'oppression dans leurs intersections, en partant du principe qu'une personne peut subir à la fois le sexisme, le racisme, l'homophobie, le validisme, etc. Elle a été théorisée en 1989 par Kimberlé Williams Crenshaw (féministe et professeure à la UCLA School of Law ainsi qu'à la Columbia Law School, spécialisée dans les questions de genre, de race et dans la loi constitutionnelle) dans un article intitulé « Demarginalizing the Intersection of Race and Sex : A Black Feminist Critique of Antidiscrimination Doctrine, Feminist Theory and Antiracist Politics », qui insistait sur l'entrecroisement entre le racisme et le sexisme subis par les femmes noires.

Présentes

féministe qui cherche à renverser tous les systèmes d'oppression systémique. C'est aller manifester contre les violences policières qui s'exercent sur les hommes et les femmes noir·e·s et le faire au nom du féminisme. C'est trouver anormal qu'un débat télévisé sur l'ouverture de la loi autorisant la PMA (procréation médicalement assistée) aux couples de femmes se fasse sans lesbiennes sur le plateau et accepter qu'il s'agit là d'un problème féministe. Penser de façon intersectionnelle, c'est comprendre que si une femme peut difficilement percer le plafond de verre, cette perspective est presque interdite à une femme en fauteuil roulant[1] et que c'est un problème féministe. Penser de façon intersectionnelle, c'est trouver à gerber que Stéphanie, du juridique, soit payée 18%[2] de moins que Nicolas qui occupe le même poste, mais c'est aussi se demander pourquoi ce sont les femmes immigrées qui effectuent les tâches les plus méprisées, mais aussi les plus essentielles, de la société contre un statut précaire et une poignée d'euros. Penser de façon intersectionnelle, c'est frémir quand est évoquée la possibilité d'exclure légalement les mères musulmanes portant le voile des sorties scolaires. Car c'est une question féministe. Et ces problèmes ne sont

---

1. Nous reviendrons sur ce sujet dans la partie 3 du chapitre 1 de ce livre.
2. En équivalent temps plein, les femmes touchent 18,5% de moins que les hommes. Plus on progresse dans l'échelle des salaires, plus l'écart se creuse. Ainsi, les 10% des femmes les moins bien rémunérées ont un salaire maximum inférieur de 7% à celui des hommes, tandis que le salaire minimum des 10% des femmes les mieux rémunérées, lui, est inférieur de 21% à celui des hommes (rapport 2015 de l'Insee).

Introduction

que quelques-unes des facettes d'un vaste système que, maintenant qu'on commence à se connaître un peu, je n'hésiterai pas plus longtemps à nommer : le patriarcat. *Breaking news* : le patriarcat est blanc, riche et hétérosexuel. Vous vous apprêtez à lire un livre où l'on parle de race. Ce mot, vous le trouvez peut-être laid, et vous savez sûrement comme moi que, biologiquement, il n'y a qu'une seule race d'hommes et de femmes : la race humaine. On parle ici de race au sens sociologique du terme. On parle ici de race pour pouvoir parler de racisme. Dans ce livre, on dit blanc, on dit noir. Parce que si on ne le dit pas, on silencie encore une fois le vécu d'une partie des femmes. Au fond, il ne s'agit que de ça : n'exclure aucune femme. Si par hasard vous frémissez encore à la lecture de ces mots, j'espère que ce livre vous permettra de mieux appréhender ces notions, dans le calme et avec la nuance qu'elles méritent. Tendez l'oreille. Ouvrez vos chakras et écoutez les récits des femmes qui m'ont inspiré la rédaction de cet essai.

Oui, car je ne vous l'ai pas encore dit, mais finalement, j'ai monté, à l'invitation du Carreau du Temple, un lieu culturel appartenant à la Ville de Paris, une série de conférences entre l'automne 2018 et le printemps 2019. Vous me connaissez un peu maintenant, j'y ai fait résonner, encore et uniquement, des voix de femmes. Lorsque Sandrina Martins, la directrice du Carreau du Temple, m'a demandé quel thème je voulais aborder dans ce cycle, j'ai immédiatement su que ce serait celui de l'espace public, mon obsession de journaliste et de

Présentes

féministe. C'est peut-être le moment de revenir un instant sur cette notion.

L'espace public est un concept qui a été utilisé par plusieurs philosophes, comme Hannah Arendt, mais qui a été rendu célèbre par le penseur allemand Jürgen Habermas[1]. En 1962, il en propose cette définition : il s'agit du «processus au cours duquel le public constitué d'individus faisant usage de leur raison s'approprie la sphère publique contrôlée par l'autorité et la transforme en une sphère où la critique s'exerce contre le pouvoir de l'État». Pour faire simple, l'espace public, c'est l'endroit où l'on peut critiquer le pouvoir. Pour Habermas, c'est fantastique, l'espace public, c'est la garantie qu'on vit en démocratie, la preuve que tout va bien, qu'on peut tous discuter et que toutes les voix se valent. Mais des chercheuses féministes, notamment la philosophe américaine Nancy Fraser[2], ont critiqué la vision uniforme d'Habermas, en soulignant que certaines catégories de citoyens, les femmes, par exemple, ne disposent pas d'un accès à l'espace public égal aux hommes. Ainsi, les discours profondément transformateurs de la société, ceux qu'expriment les opprimé·e·s – par la classe, la race, le genre ou le handicap –, sont souvent condamnés à devenir des contre-espaces publics pour être entendus.

---

1. Jürgen Habermas, *L'Espace public : archéologie de la publicité comme dimension constitutive de la société bourgeoise*, Payot, 1988.
2. «Rethinking the Public Sphere : A Contribution to the Critique of Actually Existing Democracy», Nancy Fraser, *Social Text*, n° 25/26, p. 56-80, Duke University Press, 1990.

Introduction

Créer un contre-espace public est un peu ce que j'ai voulu faire dans la bulle du Forum du Carreau du Temple. Cela se passait le soir, dans un amphithéâtre où, à chaque conférence, affluaient plus de 250 personnes. L'entrée était gratuite. Mes invitées et moi, on était assises face à face, sur la scène. La salle transpirait l'empathie, la parole était déployée. Plusieurs fois, des larmes ont été versées. L'émotion s'est mêlée à l'expertise, parce que, quand on parle de la vie des femmes, l'intime et le politique sont mêlés. À l'occasion de ces entretiens, j'ai rassemblé les plus flamboyantes, les plus déterminées, les plus expertes des militantes féministes et antiracistes françaises traitant de la place des femmes et des minorités dans l'espace public. Ils constituent une photographie passionnante de cette ère qu'un jour les livres d'histoire – si nous continuons à œuvrer dans le bon sens – appelleront l'ère #MeToo. Et je m'apprête à vous dire tout ce que j'en ai compris dans ce livre, bande de veinard·e·s.

Mais avant d'entrer dans le vif du sujet, je souhaite prendre le temps de vous présenter correctement ces neuf militantes qui sont montées sur scène avec moi, m'ont dit tout ce qu'elles savaient, et ont nourri de leur pensée les pages qui vont suivre. Retenez leurs noms, leurs actions et célébrez-les, car les femmes leurs doivent beaucoup.

• **Élisa Rojas :** avocate au barreau de Paris depuis 2007, militante et cofondatrice du Collectif lutte et

Présentes

handicaps pour l'égalité et l'émancipation (Clhee), un groupe de militants et d'activistes directement concernés par le handicap revendiquant un combat contre l'institutionnalisation, la défense pour la vie autonome des personnes handicapées et la lutte contre le validisme. Brillante oratrice, Elisa est l'une des voix françaises qui s'élèvent pour l'inclusion des personnes handicapées, notamment via son blog, Aux marches du palais. Elle enseigne aujourd'hui comme maître de conférences associée à l'INS-HEA.

• **Rokhaya Diallo :** journaliste, autrice et réalisatrice. Son travail est marqué par un engagement contre le racisme depuis qu'elle a cofondé le collectif Les Indivisibles en 2007. Elle est aujourd'hui chroniqueuse (Canal +, France 2, RTL, LCI LCP), autrice de plusieurs essais (le dernier : *La France, tu l'aimes ou tu la fermes ?*, Éditions Textuel, 2019), de la comédie musicale «Welcome Alykoum» en 2019 (Cabaret Sauvage), productrice et réalisatrice de documentaires, dont «Les réseaux de la haine» en 2014, consacré au cyberharcèlement, et «Où sont les Noirs ?» en 2020, coanimatrice, avec Grace Ly, du podcast *Kiffe ta Race* (Binge Audio). Elle a reçu, en 2016, lors de la cérémonie des European Diversity Awards, à Londres, un hommage à son travail dans la catégorie «Journaliste de l'année».

Introduction

- **Alice Coffin :** journaliste et militante pour les droits des femmes et des personnes LGBT+ (lesbiennes, gay, bi, trans). Depuis ses débuts de journaliste médias dans le quotidien *20 Minutes*, elle lutte contre l'invisibilisation des femmes dans ce secteur. Elle est la cofondatrice de groupes militants, comme l'association Oui Oui Oui, créée en 2012 en marge des débats sur le mariage pour tous, l'Association des journalistes LGBT (AJL) en 2013 ou la Conférence européenne lesbienne en 2017. Elle a coordonné de nombreuses actions pour le collectif La Barbe, qui s'invite régulièrement dans des assemblées composées à plus de 90 % d'hommes, et est membre des Lesbiennes d'intérêt général (LIG), premier fonds de dotation féministe et lesbien initié en 2013. Elle est lauréate de la bourse Fulbright 2017 pour les leaders du monde associatif avec son projet *The Negative Impact of Neutrality on LGBT issues in the French Media.*

- **Caroline de Haas :** militante féministe et formatrice. Elle dirige aujourd'hui Egaé, une agence de formation et de conseil entièrement dédiée à l'égalité et à la lutte contre les discriminations, qu'elle a créée en 2013. Elle est à l'initiative du mouvement Nous Toutes, qui a lancé sa première manifestation en 2018 et a rassemblé plus de 150 000 personnes dans les rues de France, le 23 novembre 2019. Elle a fondé, en 2009, l'association Osez le féminisme et a été conseillère de Najat

Présentes

Vallaud-Belkacem au ministère des Droits des femmes au début du quinquennat de François Hollande. Elle est aussi la fondatrice du site Expertes recensant 3 000 femmes expertes qui luttent contre leur sous-représentation dans les médias français.

- **Chris Blache :** anthropologue urbaine, cofondatrice et directrice générale de la plateforme de réflexion et d'action Genre et Ville, et **Pascale Lapalud,** urbaniste, designer et cofondatrice de la plateforme de recherche-action Genre et Ville. Toutes deux sont expertes dans les thématiques d'innovation urbaine et mettent au point des stratégies et des outils permettant de porter l'égalité entre les femmes et les hommes dans les villes. En agissant par le biais de l'urbanisme, de l'architecture et de l'organisation sociale, elles abordent les territoires à travers le prisme du genre de manière intersectionnelle, en nourrissant leur travail de géographie critique, d'études de genre, d'anthropologie urbaine, d'art féministe et de politique. Avec le collectif Les Monumentales, elles œuvrent à un grand projet de réaménagement de la place du Panthéon commandé par la Ville de Paris.

- **Hanane Karimi :** sociologue et militante féministe. Elle est maîtresse de conférences en sociologie de l'islam à l'université de Strasbourg. Sa thèse intitulée *Assignation à l'altérité radicale et chemins* *d'émancipation : étude de l'agency des femmes musulmanes françaises* aborde la question de l'agentivité, c'est-à-dire la capacité d'agir en dépit des structures d'oppression, des femmes musulmanes en France. Elle ne prône pas le port du voile, mais le droit à l'autonomie pour toutes les femmes. Son travail de recherche et son activité militante portent principalement sur l'exclusion politique, professionnelle et religieuse des femmes musulmanes en France et sur les violences institutionnelles qu'elles subissent. Elle est également cofondatrice et a été porte-parole du collectif Les femmes dans la mosquée, créé en 2013 contre les mesures sexistes prises par la mosquée de Paris. Elle a contribué au livre *Voiles et préjugés* (MeltingBook, 2016) sous la direction de Nadia Henni-Moulaï.

- **Anaïs Bourdet :** graphiste indépendante et militante féministe. Après une agression dans l'espace public, elle crée en 2012 le Tumblr Paye ta shnek qui compile des témoignages de femmes de tous milieux ayant subi du harcèlement de rue et recense à ce jour plus de 15 000 récits. Spécialiste du hacking de système, elle a créé en 2018 la boutique en ligne Mauvaise Compagnie, où elle vend des produits sur lesquels elle imprime les insultes antiféministes reçues sur les réseaux sociaux au profit d'associations féministes intersectionnelles. Elle coanime le podcast *Yesss*, dans lequel des femmes qui ont su résister à

Présentes

l'agresseur partagent leurs vécus. Sa dernière création est un compte instagram @Sisilafamille sur lequel elle répertorie des actes de sororité accomplis par des femmes dans l'espace public.

- **Marie Dasylva :** coach professionnelle et entrepreneuse. Après avoir travaillé dans le secteur de la mode, connu un burn-out et un licenciement en 2014, elle fonde l'agence Nkali Works en janvier 2017. Ce mot igbo (langue parlée au Nigeria) signifie «se réapproprier sa narration». Elle organise des séminaires d'«empuissancement» et de stratégie consacrés aux femmes non blanches et à leurs problématiques professionnelles. La structure économique de son entreprise lui permet de travailler *pro bono* pour les femmes les plus précaires, en faisant reposer le coût de l'accompagnement de celles-ci sur les femmes les plus aisées qui viennent la consulter. Elle expose, avec humour et provocation, sur son compte Twitter (@Napilicaio), sous le hashtag #Jeudisurvieautaf, des conseils pour survivre au racisme, omniprésent, dans le monde de l'entreprise en France.

Chapitre 1

Présentes dans la ville

1. Harcèlement de rue et racisme institutionnel

Commençons par le commencement. La toute première représentation de l'espace public, celle qui vient à l'esprit dès que l'on commence à y réfléchir, c'est la ville. Elle comprend la rue, les places, les squares, les parcs, les bancs publics, les tramways, les bus et les métros : tous ces lieux physiques que l'on appelle communément «la voie publique». Du côté du droit, en France, aucun blocage à signaler, les femmes sont parfaitement autorisées à y circuler. À toute heure du jour et de la nuit, elles sont en théorie aussi libres que les hommes de se déplacer dans la ville. Vraiment? Ouh là. Non, du tout.

Comme vous vivez dans un monde post-#MeToo et que vous avez acheté, emprunté ou volé (je ne juge pas) ce livre, vous devez certainement être une personne consciente du fait que la réalité est tout autre, car les femmes sont victimes d'un phénomène appelé «le harcèlement de rue». 81 % d'entre elles l'ont subi dans leur

Présentes

vie[1], avec un pic dans les transports – savez-vous quel est le pourcentage d'utilisatrices du métro parisien qui ont été harcelées ou agressées sexuellement dans ses rames? 100%. Dans plus de la moitié des cas, ces expériences de harcèlement surviennent avant l'âge de 18 ans[2].

Pourtant, ce phénomène a pendant bien longtemps été complètement occulté. C'est simple : il n'avait pas de nom. J'étais adolescente à Orléans dans les années 1990 et je me souviens parfaitement que, lorsque je sortais le soir, j'étais – et mes copines, mes parents, mes professeurs aussi – parfaitement résignée sur le fait que j'allais devoir trouver un chaperon pour m'accompagner sur le chemin du retour lorsque je rentrerais plus tard, de nuit, chez moi. Je m'étais accoutumée à l'idée que, si je portais une jupe, je devrais m'enrouler les fesses et les jambes dans une sorte de châle de laine bleu (que je transportais dans mon sac à cet usage) afin d'échapper aux sifflets et aux interpellations des hommes que je croiserais sur le trajet séparant le cinéma du domicile de mes parents. Quand une fille sortait de chez elle, on lui disait : «Évite les petites rues» ou encore «Tu vas pas sortir comme ça?» – rapport à sa tenue susceptible d'attirer les regards et les mains baladeuses. C'était à elle de s'adapter à un environnement urbain naturellement

---

1. Sondage «Les Françaises et le harcèlement dans les lieux publics», Ifop, 11 avril 2018.
2. Avis sur le harcèlement sexiste et les violences sexuelles dans les transports en commun, Haut Conseil à l'Égalité entre les femmes et les hommes (HCE), 16 avril 2015.

Présentes dans la ville

hostile. La sexualisation de son corps – aussi jeune soit-il – était une sorte de donnée de base à laquelle on ne pouvait rien changer. C'est fou quand on y pense. Je n'ai pas non plus grandi dans les années 1950! Mais, quand j'avais 15 ans, les sifflets des hommes dans la rue étaient de simples incidents dans le quotidien des femmes. Personne ne manifestait pour dénoncer cet état de fait, personne ne balançait les porcs. D'ailleurs, à cette époque, le mot féminisme avait plus ou moins été jeté aux oubliettes puisque les femmes avaient obtenu la pilule et la minijupe vingt ans plus tôt. Il n'y avait plus de quoi brûler les soutiens-gorge, de l'avis de la plupart des magazines féminins en tout cas. Mais je m'égare.

Il y a beaucoup de raisons qui font que le harcèlement de rue n'était pas, en 1995, considéré comme une atteinte fondamentale au droit des femmes à circuler librement dans l'espace public. Déjà parce qu'en France – et aujourd'hui encore – ce comportement masculin a tendance à être considéré comme un patrimoine (ici, bien nommé) national. Combien de scènes de comédies où deux compères, complices, se tiennent les côtes et gloussent en sifflant les femmes, assis à une terrasse devant une bière? Combien de chansons célèbrent l'art de mater les filles? C'était d'ailleurs l'une des grandes craintes des signataires de la tribune sur «le droit d'importuner» à laquelle je faisais référence en introduction. La crainte que ne disparaissent les mains aux fesses, qui sont à la France, un peu comme le bordeaux ou le saucisson, des trésors culturels.

Présentes

La France a vraiment une façon bien à elle de répondre au problème du harcèlement de rue. On a d'un côté la «séduction à la française», souvent défendue par de vieux chroniqueurs radio et de grandes bourgeoises qui s'émeuvent dans la presse féminine du fait qu'Anatole, leur rejeton de 17 ans, ne sache plus s'il a le droit de draguer («Le pauvre est complètement paumé»). Et puis de l'autre, on a les Noirs et les Arabes. Oui, parce que lorsque le harcèlement de rue est exercé par des jeunes hommes «issus de l'immigration», il devient un fléau. Dans ce cas, siffler les filles n'est plus une amusante tradition, mais un supplice infligé aux belles Françaises qui ne peuvent plus se promener en cuissardes comme au bon vieux temps. On retrouve dans cet imaginaire des relents coloniaux qui font des hommes racisés les premiers suspects et les premières cibles des contrôles au faciès et des violences policières. Je vous renvoie à la philosophe africaine-américaine Angela Davis[1], ou à l'essai *Marianne et le garçon noir*, dans lequel l'autrice Léonora Miano explore, à travers des témoignages, l'altérisation des hommes noirs sur le territoire réel et symbolique de la République française[2]. Ce sont les quartiers populaires qui sont montrés du doigt. Le harcèlement de rue, c'est là-bas, au pied des tours, qu'il est sexiste et dangereux.

---

1. Angela Davis, *Femmes, race et classe*, Éditions des femmes - Antoinette Fouque, 2020.
2. *Marianne et le garçon noir*, ouvrage collectif, sous la direction de Léonora Miano, Pauvert, 2017.

Présentes dans la ville

L'acharnement médiatique à ce sujet est fascinant. On peine, en dehors de la Journée internationale des droits des femmes du 8 mars, à faire parler des féminicides – une femme assassinée par son conjoint ou ex-conjoint tous les deux jours en 2019[1]. Les sujets féministes sur lesquels les associations et les militantes travaillent d'arrache-pied toute l'année (violences gynécologiques, discrimination salariale, charge mentale, violences sexuelles) sont magistralement et systématiquement ignorés par les médias traditionnels. Rien à cirer. Problème de femmes. Par contre, un bar PMU fréquenté par des hommes musulmans, dans un quartier populaire[2] qui, selon la rumeur, n'accepterait pas la présence de femmes en son sein peut tenir les chaînes d'info en haleine pendant plusieurs semaines. Évidemment, l'idée n'est pas d'occulter le harcèlement de rue qui se produit dans les quartiers populaires, il existe. Mais le pointer du doigt tout en minimisant les agissements sexistes qui se produisent partout ailleurs – dans les conseils d'administration des grandes entreprises, dans les couloirs feutrés des rédactions des chaînes de télé, dans les bureaux de l'Assemblée nationale, dans les foyers de la classe moyenne et aisée – revient à stigmatiser une partie des citoyens tout en masquant dangereusement l'ampleur et l'omniprésence du phénomène. Encore une fois, le travail d'Anaïs Bourdet avec sa plateforme en ligne Paye

---

1. Décompte des collectifs Nous Toutes et Féminicides par compagnons ou ex.
2. «Bar PMU de Sevran : la contre-enquête du *Bondy Blog*», *Bondy Blog*, 10 mars 2017.

Présentes

ta shnek a été exemplaire sur ce sujet. Depuis 2012, elle a compilé plus de 15 000 témoignages de femmes ayant subi du harcèlement dans l'espace public. Sous chaque publication figurent la date et le lieu du harcèlement, comme un antidote à la croyance selon laquelle celui-ci serait le propre des quartiers populaires. «On dévoie des sujets féministes pour des intérêts racistes, et c'est épuisant, soulignait Anaïs Bourdet le soir de sa conférence au Carreau du Temple. Mon travail est de rappeler que les hommes de tous les milieux peuvent harceler. Le harcèlement, c'est absolument partout. L'idée de monter le blog est venue du constat qu'on est toutes concernées. J'ai voulu le localiser pour montrer que ce n'est pas seulement dans les quartiers à forte population immigrée. Mais il y a du déni à chaque témoignage que je poste. Et quand c'est un homme blanc l'agresseur, c'est sur la victime qu'on s'acharne!»

C'est partout, tout le temps, mais la communication institutionnelle sur le harcèlement dans l'espace public persiste à vouloir «altériser» le harceleur. La campagne réalisée en 2018 par la RATP contre le harcèlement dans les transports en est un parfait exemple. On voyait sur des affiches des femmes, dans une rame de métro ou sur un quai, menacées par des prédateurs dépeints sous les traits d'un ours, d'un buffle ou d'un crocodile. Comme si les harceleurs n'étaient pas des hommes, mais des animaux ou des monstres. Ces affiches étaient contre-productives. Le harceleur est un homme ordinaire. Chaque fois qu'on essaie de

Présentes dans la ville

le désigner comme un «autre», exotique, différent, on échoue à faire comprendre la réalité du harcèlement. Réalité qui n'épargne pas les lieux du pouvoir politique. À l'automne 2019, une assistante parlementaire dépose une plainte pour agression sexuelle contre un député[1], qui se trouvait être le vice-président de la délégation de l'Assemblée nationale aux droits des femmes et à l'égalité des chances entre les femmes et les hommes – insérer ici l'émoji qui vomit. Cet épisode déclenche l'ouverture d'une «cellule d'écoute anti-harcèlement» à l'Assemblée[2], un an après la création d'une cellule similaire au Sénat. C'est un petit miracle que le monde politique semble enfin prêt à se regarder dans le miroir du sexisme ordinaire et à décortiquer ses agissements. Mais rassurez-vous, cette cellule «made in Assemblée nationale» ne risque pas d'inquiéter sérieusement les députés : contrairement à ce qui prévaut au Parlement européen et au Sénat, aucune sanction interne n'est envisagée en cas de harcèlement avéré.

La prise de conscience des violences sexistes dans le monde politique a eu lieu en 2016, lorsque 14 femmes, pour la plupart membres du parti Europe Écologie Les Verts, dénoncent publiquement les agressions sexuelles qu'un ex-député du parti[3] leur a fait subir. Parmi elles,

---

1. Le député macroniste de Haute-Garonne Pierre Cabaré.
2. «Harcèlement à l'Assemblée, les collaborateurs parlementaires sonnent l'urgence», *Le Monde*, 11 septembre 2019.
3. Il s'agit de l'ex-député EELV Denis Baupin. L'enquête a été classée sans suite, les faits étant prescrits. Et le procès en diffamation intenté par Denis Baupin contre ses accusatrices et les médias s'est soldé par une relaxe. Face

Présentes

cinq femmes, Sandrine Rousseau, Isabelle Attard, Elen Debost, Annie Lahmer et Véronique Haché portent plainte. Leur courage permet de faire éclater au grand jour l'ampleur du sexisme en politique. Dans la foulée est créé le site Chaircollaboratrice rassemblant des femmes travaillant à l'Assemblée nationale, au Sénat, dans des ministères et des collectivités territoriales. Elles décident, dans une démarche proche de celle de Paye ta shnek, de recenser sur un blog les faits de harcèlement et les agressions sexistes sur leur lieu de travail. La lecture en est édifiante. Dans ces lieux de pouvoir, où règnent des hommes blancs en cravate, les corps des femmes sont objectivés et menacés en permanence. Pourtant, les réponses gouvernementales apportées jusqu'ici à la problématique du harcèlement visent spécifiquement les quartiers populaires et les populations immigrées et descendantes d'immigré·e·s.

Rappelez-vous cette nuit, peu après l'élection présidentielle de 2017. Marlène Schiappa, tout juste nommée secrétaire d'État à l'Égalité entre les femmes et les hommes, était allée se promener en talons hauts dans le quartier de La Chapelle-Pajol, à Paris, dans le 18e arrondissement, où plusieurs cas de harcèlement de rue avaient été reportés les semaines précédentes. Une photo postée sur son compte Twitter capturait sa silhouette traversant la rue sous la lumière blafarde des réverbères,

---

aux récits des agressions sexuelles décrites à la barre, il a été condamné à des amendes pour «abus de constitution de partie civile».

surmontée de cette légende : «Les lois de la République protègent les femmes, elles s'appliquent à toute heure et en tout lieu[1].» C'était son premier «coup» sur les réseaux sociaux en tant que membre du nouveau gouvernement. Et les premiers jalons d'une loi qui sera votée quelques mois plus tard permettant de verbaliser le harcèlement de rue[2]. Difficile de ne pas adhérer au message. Mais un agenda politique est fixé. Quelle suggestion est faite par cette image-là, celle d'une femme blanche «libérée» traversant de nuit un quartier populaire, disant à demi-mot que, dans l'ombre, des jeunes à casquette sont prêts à l'importuner? Comme si c'était là l'urgence. Comme si c'était eux, les porcs.

Quoi qu'il en soit, cette séquence m'avait marquée parce qu'elle avait failli provoquer une conversation inté-ressante sur un sujet féministe important. Caroline de Haas, militante de longue date et fondatrice du mouve-ment Nous Toutes, avait soumis l'idée, à l'occasion d'une interview[3], que pour rendre la ville plus accueillante aux

---

1. Marlène Schiappa a supprimé son tweet juste après sa publication, le 12 juin 2017.
2. Selon le secrétariat d'État chargé de l'Égalité entre les femmes et les hommes et de la lutte contre la discrimination, en août 2019, un an après son adoption, cette loi avait permis de dresser au total 731 procès-verbaux sur l'ensemble du territoire. Un chiffre risible quand on connaît l'ampleur du phénomène.
3. «Dans tous les quartiers où il y a un problème d'espace, où il y a une concentration de personnes qui restent à la même place toute la journée, il y a des violences à l'encontre des femmes. On pourrait élargir les trottoirs pour qu'il y ait plus de place et qu'il n'y ait pas de cohue dans ces endroits-là. On pourrait aussi mettre de l'éclairage pour faire en sorte que, quand on circule dans la rue, il n'y ait pas de coins sombres», Caroline de Haas, Franceinfo, le 21 mai 2017.

Présentes

femmes il fallait, parmi d'autres propositions, élargir les trottoirs. C'était une suggestion très judicieuse. Beaucoup d'études en géographie du genre le démontrent : les femmes sont plus chargées que les hommes. Elles assurent plus souvent le transport des enfants, des courses, elles poussent des poussettes, tirent des chariots à provision. La ville n'a pas été pensée pour elles. Elle a été conçue pour les voitures et pour les hommes pressés qui marchent seuls, leur petite sacoche à la main. La ville leur est hostile et elles le constatent dès l'enfance. Les femmes ne sont pas les bienvenues dans les rues, à tel point qu'il ne leur viendrait pas à l'idée de s'y asseoir, de s'y reposer. Elles sont en perpétuelle fuite. Dans la lignée de la pionnière en géographie du genre Jacqueline Coutras[1], qui, dans les années 1980, a pointé du doigt pour la première fois la ségrégation sexuelle de l'espace urbain, le géographe Guy Di Méo[2] a nommé, en 2011, «murs invisibles» ces barrières mentales qui maintiennent certains lieux de la ville hors de l'imaginaire des femmes. La géographie du genre a démontré que, si les hommes ont tendance à envisager la ville comme un territoire, les femmes, elles, pensent la rue comme un lieu de transit, un espace où l'on se déplace d'un point A à un point B, souvent proches de leur lieu de résidence. Cette observation peut d'ailleurs se faire de manière totalement empirique. Il suffit de se promener

---

1. Jacqueline Coutras, *Crise urbaine et espaces sexués*, Armand Colin, 1996.
2. Guy Di Méo, *Les Murs invisibles. Femmes, genre et géographie sociale*, Armand Colin / Recherches, 2011.

Présentes dans la ville

dans n'importe quelle ville de France pour constater que ceux qui sont postés à un coin de rue, assis en groupes sur un banc, sont les hommes, tandis que les femmes sont en déplacement. Il est aussi amusant de constater que, dans les espaces sportifs publics (skateparks, terrains de basket), ce rapport s'inverse : tandis que les hommes occupent le centre et «utilisent» l'installation, les femmes restent assises autour, en spectatrices, reproduisant une division sexuée de l'espace bien connue des cours de récré. Ces lieux de loisirs non plus ne sont pas conçus pour elles.

2. Urbanisme féministe et réappropriation de l'espace public

Quand elles marchent dans la rue, les femmes sont supposées être en train de rentrer chez elle. C'est à la sphère privée qu'elles appartiennent, leur présence dans la sphère publique étant envisagée comme transitoire. Cette croyance va chercher ses racines dans l'histoire. Et n'allez pas céder à l'idée reçue selon laquelle cela fait des millénaires que c'est ainsi, tout imbibé·e·s que vous êtes de visions archétypales de la préhistoire, maman Cro-Magnon touillant la soupe dans la caverne pendant que papa chasse le mammouth – image tout droit sortie de l'imaginaire profondément misogyne des préhistoriens qui inventèrent la discipline au XIXe siècle. Non, cela n'a pas toujours été ainsi. Non, on ne lutte

Présentes

pas contre un ordre naturel de l'humanité que nous, «féminazies» aux dents acérées, serions déterminées à inverser. La préhistorienne Marylène Patou-Mathis a démontré, notamment en analysant l'os du bras de squelettes, qu'il était presque certain que les femmes de Neandertal pratiquaient la chasse à l'aide de lances (elles ont les mêmes caractéristiques physiques que certaines lanceuses de javelot!) et se déplaçaient au moins autant que les hommes[1]. Au Moyen Âge encore, même si la situation des femmes n'était pas idéale, elles pouvaient exercer le commerce, tenir des auberges, monnayer, vendre, acheter, aller et venir entre leur foyer et la rue, être pressées, s'enrichir. L'universitaire italienne Silvia Federici a décrit, en énervant beaucoup les historiens qui prétendaient depuis des siècles que l'ordre patriarcal était présent de toute éternité, la façon dont le bascule- ment dans le capitalisme et la concentration des moyens de production avaient fini par renvoyer les femmes à la sphère privée. «Le corps a été pour les femmes dans la société capitaliste ce que l'usine a été pour les travail- leurs salariés : le terrain originel de leur exploitation et de leur résistance, lorsque le corps féminin a été expro- prié par l'État et les hommes et contraint de fonctionner comme moyen de reproduction et de l'accumulation du travail», écrit la professeure[2]. Elle décrit une sorte de répartition ultrarationalisée du travail : le travail

---

1. Marylène Patou-Mathis, *Neandertal de A à Z*, Allary Éditions, 2018 et *L'Homme préhistorique est aussi une femme*, Allary Éditions, 2020.
2. Sylvia Federici, *Caliban et la Sorcière*, Entremonde, 2014.

Présentes dans la ville

«productif», rémunéré, des hommes, dans les fabriques, et le travail «reproductif», gratuit, des femmes, dans les maisons. Peu à peu, les femmes se sont vu interdire le commerce, la médecine, interdire d'étudier, de décider. On trouvait encore au XIIᵉ siècle des abbesses, des doctoresses et des mairesses! Ces mots que d'aucuns trouvent si laids aujourd'hui ne sont pas des fantaisies. Ils ont toujours existé, avant d'être effacés des dictionnaires et des esprits. Et qui maintient l'ordre dans la langue française? L'Académie française, créée par le cardinal de Richelieu en 1635, vers la fin de la période de la chasse aux sorcières en Europe : un groupe de vieux messieurs[1] siégeant couverts d'or sous une vieille coupole couverte d'or elle aussi, *boys club* qui sévit encore et estimait jusqu'à il y a peu que dire «autrice» était un sacrilège[2]. CQFD.

Les femmes qui ont le toupet de marquer l'histoire,

---

1. La présence des femmes à l'Académie française est récente : alors qu'elle a été créée en 1635, ce n'est qu'en 1980 que Marguerite Yourcenar, première femme élue en son sein, y pénètre. Depuis, il y en a eu huit : Jacqueline de Romilly en 1988, Hélène Carrère d'Encausse en 1990, Florence Delay en 2000, Assia Djebar en 2005, Simone Veil en 2008, Danièle Sallenave en 2011, Dominique Bona en 2013 et Barbara Cassin en 2018.

2. En 2002, l'Académie française écrivait : «On se gardera […] d'user de néologismes comme *agente, cheffe, maîtresse de conférences, écrivaine, autrice…* L'oreille autant que l'intelligence grammaticale devraient prévenir contre de telles aberrations lexicales.» En 2018, grâce à l'action de la philosophe Barbara Cassin récemment élue, un rapport de l'Académie préconise un assouplissement : «Auteure est en tête dans les recensements ; d'ailleurs, la plupart du temps, on observe qu'un "e" est ajouté aux noms de métiers se finissant en "eur". Mais "autrice" a la préférence de l'université, le mot est peut-être plus rigoureux. Le rapport observe que les deux existent. On valide les deux.» Autrice n'est pourtant pas un néologisme, mais une forme attestée depuis au moins le Iᵉʳ siècle après Jésus-Christ en latin puis en français.

45

Présentes

on les efface soigneusement elles aussi. Rappelez-vous, il n'y a que 4 % des rues en France qui portent des noms de femmes, et il n'y a que 37 statues représentant des femmes célèbres dans l'espace public parisien, sur 350[1]! En 2019, le collectif Nous Toutes placardait aux quatre coins de Paris de fausses plaques de rue, en papier, portant le nom de femmes illustres. Tout près de mon bureau, il y a eu, jusqu'à ce que la pluie vienne à bout de la feuille de papier, une rue Berthe-Morisot (extraordinaire peintre du XIXᵉ, pionnière de l'impressionnisme au même titre que Manet ou Renoir, mais reléguée au deuxième plan de l'histoire de l'art, parce que femme). Et même si c'était pour de faux, ça faisait du bien, tous les matins, en sortant du métro, de voir célébrée une femme artiste sur un mur de ma ville.

Pour les chercheuses féministes, il est évident que, pour que les femmes se sentent mieux en ville, il faut adapter la ville aux femmes (et non pas adapter les femmes aux villes, ça paraît bête, mais souvenez-vous du vieux châle dans mon sac d'ado). Donc, oui, la proposition de Caroline de Haas d'élargir les trottoirs était pertinente et bienvenue. Mais, au lieu de susciter des échanges sur la recherche en géographie du genre, la discussion a tourné au cyberharcèlement et Caroline a dû passer une bonne partie des semaines qui ont suivi à se battre contre des armées de comptes Twitter

---

1. «Les statues de femmes célèbres érigées à Paris de 1870 à nos jours. Entre lieux de mémoire et espace d'investissement», Christel Sniter, dans *Femmes et Villes*, éditions Presses universitaires François-Rabelais, 2004.

Présentes dans la ville

l'insultant, voire la menaçant de viol ou de mort parce qu'elle était une vilaine féminazie. Vous pensez sûrement que j'exagère, mais c'est ça, le quotidien du féminisme en France. Des femmes qui disent des choses sensées et qui se font aussitôt insulter. Un jour, je vous raconterai la fois où une copine journaliste a fait un article dans lequel elle relevait qu'il était fou que les poches des jeans pour femmes soient systématiquement plus petites que celles des hommes. Elle a dû porter plainte pour cyber-harcèlement après la parution de cette enquête subversive[1]. Mais nous y reviendrons.

Heureusement, pendant que les trolls trollent, il y a des femmes qui taffent. Notamment deux chercheuses, invitées un soir au Carreau du Temple : Chris Blache, anthropologue urbaine, et Pascale Lapalud, urbaniste. Ces deux femmes, fondatrices, en 2012, de l'association Genre et Ville sont tout simplement géniales. Au sein du collectif Les Monumentales, en charge du réaménagement de la place du Panthéon, elles ont œuvré à faire de la «place des grands hommes» un espace plus mixte. Les trottoirs ont été élargis (eh oui!), l'espace réservé au stationnement des voitures a été drastiquement réduit au profit de mobilier urbain. Elles ont déposé sur la place des dizaines de blocs de granit recyclés et six grandes estrades, ce qui a profondément modifié les comportements des hommes et des femmes qui la traversent.

---

1. C'est la journaliste Marie Kirschen qui a eu l'audace de publier un article intitulé «J'ai vérifié les poches pour hommes et femmes de 6 magasins et on se fait arnaquer» sur le site BuzzFeed, le 19 février 2017.

Présentes

Sur ces structures asymétriques de bois clair, design, modernes, on peut s'installer dans n'importe quelle position, seul·e ou en groupe, accompagné·e d'enfants et de poussettes ou de personnes en fauteuil. La place, qui n'était autrefois qu'un vaste parking, est devenue un lieu de rencontres et de repos. «Si on installe des mobiliers inclusifs dans un environnement agréable, cela change la donne : les femmes se sentent plus légitimes pour rester dans l'espace public, explique la chercheuse. On voit sur la place du Panthéon des femmes s'allonger et se faire bronzer, s'installer pour pique-niquer, lire, fumer. Et cela se passe sur une place publique, parisienne, minérale, pas dans un parc, où l'on a tendance à se laisser aller davantage. Là on est dans un endroit où, de façon traditionnelle, les femmes doivent "bien se tenir".» Pour achever de transformer l'espace en «place des grandes femmes», le collectif a gravé dans le mobilier urbain les noms de 160 femmes artistes, militantes, scientifiques, ainsi que les noms de trois anonymes représentant les femmes victimes de féminicides, les femmes mortes sur les routes migratoires et les femmes sans domicile fixe mortes dans la rue. L'idée est de créer un symbole mémoriel autour du monument au fronton insolent «Aux grands hommes, la patrie reconnaissante» qui trône au milieu de la place et sur lequel, parmi les 78 personnes inhumées, il n'y a que cinq femmes[1]. Ce que démontrent avec force Chris

---

1. Simone Veil entre au Panthéon en 2018. C'est la cinquième femme qui y repose. La première, Sophie Berthelot, fut inhumée en 1907, entrée en tant qu'épouse de Marcellin Berthelot. Les trois autres femmes sont la physicienne

Présentes dans la ville

Blache et Pascale Lapalud, c'est que la ville n'est pas qu'un espace physique ou juridique. Elle est aussi un espace de représentation. Aucune loi n'oblige les femmes à croiser les jambes lorsqu'elles s'assoient sur un banc. Pourtant, les représentations mentales du comportement que les femmes doivent avoir dans l'espace public font que cette posture – très mauvaise pour le dos! – est instinctivement adoptée par la plupart d'entre elles.

Chris Blache est super drôle. Et vraiment forte. La première interview que j'ai lue d'elle m'a changé la vie : elle faisait remarquer qu'en ville, c'est toujours la femme qui va changer sa trajectoire lorsqu'elle risque de percuter un homme sur son chemin. Vous savez ce petit moment incertain où quelqu'un fonce sur vous à grands pas sur le trottoir devant les Galeries Lafayette? Vous croyez que vous avez le choix. Vous pensez que votre cerveau humain perfectionné a compilé des tas de données pour éviter le choc. Mais en fait non. Face à un homme, c'est toujours la femme qui s'écarte. Ou la personne non blanche. Je me souviens avoir partagé cette interview avec un ami qui m'avait expliqué qu'en tant qu'homme noir, face à une personne blanche, il se sentait toujours mû par une force invisible qui lui disait que c'était à lui de s'écarter. J'imagine la tête des rédac chefs de *Valeurs actuelles* s'ils lisaient cela. Ou celle des trolls qui harcèlent les féministes sur Internet. Pour

---

Marie Curie (1995), aux côtés de Pierre Curie, et les résistantes Germaine Tillion et Geneviève de Gaulle-Anthonioz (2015).

Présentes

eux, et pour elles (soupir), tout cela est au mieux un fantasme, au pire une manipulation. J'ai renoncé à les convaincre et, de toute façon, j'espère que ces lignes ne parviendront pas jusqu'à leurs yeux (si vous êtes là, bisous). Mais peut-être que vous-mêmes, lecteur ou lectrice modéré·e, vous doutez. Vous vous dites que j'exagère un peu. Eh bien figurez-vous que j'ai fait le test. Comme le suggérait Chris Blache, j'ai décidé de ne plus jamais m'écarter. J'ai aussi décidé, le jour où j'ai découvert l'existence du *manspreading* (littéralement «l'étalement masculin»), ce phénomène qui pousse mystérieusement les hommes à s'installer les genoux bien écartés sur tout siège de transport en commun, de systématiquement écarter les jambes lorsque je m'assoie dans le métro et de ne céder sous aucun prétexte l'accoudoir à mon voisin dans le train. Question de principe. Bref, à cause de Chris Blache, à quelques jours de la conférence à laquelle je l'avais invitée, je me suis mise à tracer tout droit dans la ville, d'un pas décidé, sans plus jamais me soucier de ces histoires de trajectoires. Que s'est-il passé ? Je me suis fait démonter l'épaule plusieurs fois par des hommes éberlués qui n'ont pas un instant envisagé de s'écarter devant moi. Littéralement. Démonter l'épaule. C'était parfois comique. Ils me voyaient approcher, sans que je ralentisse ou dévie de ma route, et je voyais leurs yeux s'écarquiller. Elle va pas s'écarter la meuf ?! Ben non. Et boum ! Collision. Le plus surprenant, ensuite, c'est que je me faisais souvent engueuler. Quelle impudence. Je les agaçais follement,

Présentes dans la ville

ces hommes importants, pressés, pour qui la ville est conçue et qui n'ont jamais eu à se poser ce genre de questions. Je ne suis pas en train de faire de ma petite expérience personnelle une démonstration scientifique. Je dis seulement que c'est intéressant, et qu'en ce soir de Saint-Valentin où je recevais Chris Blache et Pascale Lapalud sur la scène du Carreau du Temple, j'avais quelques bleus aux épaules, mais je me tenais plus droite que d'habitude.

Grâce à elles, j'ai compris à quel point il est absurde de vouloir adapter les femmes à la ville alors qu'il faut faire l'inverse. En incitant les femmes à se méfier, à ne pas sortir tard et à ne pas fréquenter les rues mal éclairées, on maintient en elles une peur diffuse qui annihile toute velléité d'investir l'espace urbain avec la même confiance que les hommes. «Bien sûr, on peut croiser quelqu'un de malveillant, un déséquilibré, mais ce n'est pas pour autant qu'il faut porter en permanence une cuirasse, explique Chris Blache. Ce qui est important, c'est surtout de prendre conscience que cette peur est un outil du contrôle social. Dès lors que vous êtes régies par la peur, on n'a pas besoin de vous surveiller. Les femmes le disent bien, elles sont dans l'autocontrôle permanent. Les chiffres montrent que les femmes et les filles sont moins victimes d'agressions que les hommes dans l'espace public; pourtant, c'est à elles qu'on dit de ne pas aller dans l'espace public parce qu'elles risquent d'être violées. Bien sûr, cela demeure un risque, mais elles risquent encore plus d'être violées dans l'espace privé.»

Présentes

Je rappellerai ici un chiffre important que martèlent les associations féministes sans que cela atteigne l'opinion publique : dans près de 91 % des cas, les viols sont commis par quelqu'un qu'on connaît[1]. Chris Blache et Pascale Lapalud ont ainsi réussi à faire supprimer une page du site du ministère de l'Intérieur qui énumérait plusieurs «Conseils aux femmes» hallucinants, du type «Fermez bien toutes les portes quand vous rentrez chez vous», et commençait carrément ainsi : «En raison de leur sexe et de leur morphologie, les femmes sont parfois les victimes d'agressions particulières»! Maintenir les femmes dans un état de crainte permanente, insister sans cesse sur l'insécurité, c'est rendre indestructibles les «murs invisibles» de la ville. Les solutions devraient être féministes. Il faudrait puiser dans le vécu des femmes pour sortir des cadres préétablis. Il faudrait aussi cesser d'apprendre aux petites filles à maintenir les distances, à contourner les dangers, quand on encourage les garçons à aller au contact. Il faudrait enfin que les femmes prennent le pouvoir dans les villes, parce qu'à l'heure où on se parle il n'y a que 18,3 % de mairesses en France[2]. Chris Blache et Pascale Lapalud ont rappelé, ce soir-là, qu'il était difficile de faire comprendre l'importance de leur action à un maire toujours plus excité à l'idée de multiplier les terrains de baskets qu'à celle d'élargir ces foutus trottoirs.

1. Enquête de 2015 du Collectif féministe contre le viol (CFCV).
2. Ministère de l'Intérieur, janvier 2019.

Présentes dans la ville

3. Validisme, grossophie, lesbophobie, transphobie, islamophobie : les corps exclus de la ville

Vous n'y avez certainement pas fait attention, à moins bien sûr que vous ne soyez concerné·e, mais depuis le début de ce chapitre, j'envisage la ville comme un lieu où l'on marche, où l'on voit, où l'on entend. Or la réalité est encore différente lorsqu'on ne dispose pas physiquement de ces possibilités. La ville est pensée pour les personnes qui ne sont pas handicapées. L'espace public est validiste, c'est-à-dire qu'il discrimine, de façon systémique, les personnes handicapées. Vous ne comprenez pas ce terme ? Eh bien prenez n'importe quelle entrée de métro parisien. Vous la visualisez ? Le portique Art déco et la grande, longue volée de marches qui plongent vers les tunnels ? Imaginez-vous maintenant sur un fauteuil roulant face à ces marches… Voilà. Bravo, vous avez compris le validisme. Si vous poussez le raisonnement un peu plus loin, que vous vous projetez un instant avec ce même fauteuil essayant de monter à bord d'un bus bondé, ou être contraint·e de payer 50 euros de taxi pour vous rendre à votre lieu de rendez-vous, vous réaliserez vite que ce n'est pas seulement le métro, mais toute la ville, voire l'organisation sociale entière, qui est pensée pour exclure les personnes handicapées de l'espace public. C'est une avocate qui me l'a fait comprendre. Elle s'appelle Elisa Rojas et elle est la cofondatrice du

Présentes

Clhee (Collectif lutte et handicaps pour l'égalité et l'émancipation).

Elisa Rojas est la toute première femme à avoir échangé avec moi sur la question de l'espace public au Carreau du Temple, au mois d'octobre 2018. Il me semblait absolument nécessaire d'attaquer la réflexion sur l'espace public avec elle, d'abord parce qu'elle fait partie des militantes qui m'ont le plus fait grandir intellectuellement et sur le plan théorique ces dernières années. Elle déroule ses démonstrations magistrales, pleines d'humour et d'éloquence, sur son compte Twitter et son blog malicieusement intitulé Aux marches du palais, en référence au Palais de justice historique, au centre de Paris, dont l'immense escalier est une vraie gageure quand on se déplace comme elle en fauteuil roulant. Elle est la première à m'avoir fait prendre conscience que l'espace public, celui que décrit de façon très idéalisée Jürgen Habermas, est loin d'être accessible à toutes et à tous, sur le plan matériel, mais aussi symbolique. Comment exercer pleinement ses droits de citoyen·ne quand l'accès même à l'espace électoral, à l'espace judiciaire, à celui de l'expression politique et médiatique vous est interdit ? Vous êtes-vous déjà mis à la place d'une personne aveugle s'apprêtant à voter ? Comment faire si aucun programme n'est imprimé en braille ? Comment une personne sourde peut-elle s'informer sur les enjeux politiques du moment lorsque les émissions de radio doublées en langue des signes française (LSF) sont

Présentes dans la ville

encore très rares, et que les émissions de télévision, soumises à l'obligation de sous-titrer l'intégralité de leurs programmes depuis 2011[1], le font encore si peu[2]?

Rions un peu : cela fait quarante-cinq ans que la notion d'accessibilité à l'espace public pour les personnes handicapées a été définie en France par une loi-cadre de 1975. Cela fait quarante-cinq ans qu'il est illégal que l'accès à un lieu de l'espace public soit impossible à une personne handicapée. Il suffit d'ouvrir les yeux pour constater qu'en ville les lieux accessibles sont en réalité rarissimes. En 2005, une nouvelle loi est venue renforcer cette obligation en fixant une date butoir et en instaurant des sanctions, mais le volet accessibilité de cette loi a été vidé de son sens en 2014 par

---

1. La loi n° 2005-102, du 11 février 2005, pour l'égalité des droits et des chances, la participation et la citoyenneté des personnes handicapées fait obligation aux chaînes de télévision publiques et aux chaînes privées dont l'audience nationale dépasse 2,5 % de l'audience totale des services de télévision de rendre accessible aux personnes sourdes ou malentendantes la totalité de leurs émissions, en dehors des messages publicitaires et de quelques programmes dérogatoires.

2. Selon les résultats de l'étude relative au contrôle du respect et de la qualité des obligations des chaînes en matière d'accessibilité des programmes menée par le CSA en avril 2017, 31 % des téléspectateurs se sont plaints d'une absence de sous-titrage, tous équipements et toutes chaînes confondus. Par ailleurs, une évaluation sur cinq indique une mauvaise qualité du sous-titrage proposé par les chaînes de télévision s'agissant des programmes diffusés en direct. À titre d'exemple, les évaluateurs ont particulièrement insisté sur la mauvaise qualité du sous-titrage proposé par deux chaînes généralistes, ainsi que par deux chaînes d'information en continu, lors des diffusions des débats de la primaire de la droite et du centre, le 13 octobre et les 3, 17 et 24 novembre 2016. En effet, le retard d'affichage des sous-titres a empêché la bonne compréhension du débat et, une chaîne, à cause d'un problème technique, n'a pas pu proposer de sous-titres lisibles pendant les quarante-sept premières minutes du programme.

Présentes

un décret accordant un délai supplémentaire de trois à neuf ans ! L'argument est toujours financier : on estime à 20 milliards d'euros le coût de ces mises aux normes qui permettraient de faciliter la vie de 12 millions de Français (c'est l'estimation du nombre de personnes en situation de handicap en France, soit un Français sur six, tous handicaps confondus[1]), et cet argent, personne ne se décide à le trouver. Résultat : l'accessibilité est une notion purement théorique et le handicap est le premier motif de discrimination en France : il concerne 19 % des plaintes déposées auprès du Défenseur des droits[2]. Pourtant, l'accessibilité n'est pas un luxe, ni un confort, c'est une condition nécessaire de l'égalité. C'est une obligation pour permettre à des millions de personnes de vivre leur vie, de se déplacer, faire leurs courses, s'informer, accéder à l'éducation et à la vie de la cité. L'accès même aux œuvres culturelles est politique ! Toutes les conférences au Carreau du Temple étaient interprétées en LSF, c'est la moindre des choses, mais cela a évidemment un coût. Sandrina Martins, la directrice de cet espace, avait pleinement conscience de ces enjeux et a alloué un budget à des interprètes en LSF de la scop Paris Interprétation. Mais il est scandaleux qu'elle soit l'exception. C'est hallucinant qu'on chipote à accorder les moyens nécessaires pour permettre aux citoyennes et citoyens d'accéder au savoir.

---

1. Insee.
2. Site du Défenseur des droits.

Présentes dans la ville

Et puis l'argument économique a bon dos. Elisa Rojas m'a aidée à comprendre que le refus de rendre l'espace public accessible est en fait un choix politique, découlant d'une volonté de mise à l'écart des personnes handicapées. Depuis les années 1970, la France a développé une politique d'institutionnalisation. Au lieu de rendre les écoles, par exemple, accessibles aux handicapé·e·s, on a préféré créer, en marge de la société, des lieux spécifiquement réservés à ces personnes, des «institutions». Cette notion d'institutionnalisation est décisive pour comprendre que certains corps ne sont tout simplement pas les bienvenus dans l'espace public. «Il fallait faire un choix, a expliqué Elisa Rojas lors de sa conférence. Il fallait soit permettre aux personnes handicapées d'exister dans la sphère publique et se donner les moyens de le réaliser, soit dire concrètement : on considère qu'elles n'ont pas à se mélanger aux autres et on conforte le milieu institutionnel.» C'est le second choix qui a été fait, tout en maintenant en surface un discours de volonté «d'intégration» des personnes handicapées dans la cité. Dans le cas d'Elisa, cela a signifié que, dès son enfance, elle a été placée dans des institutions spécialisées, à l'écart du reste des écoliers, pour recevoir son éducation. Ce n'est qu'en classe de CM1, à la suite de sa scolarisation en «milieu ordinaire», qu'elle a compris que le programme scolaire qu'elle suivait était très en retard sur celui dont elle aurait bénéficié en suivant un parcours «normal». Or cette femme, qui s'est distinguée par son intelligence et sa vivacité d'esprit,

57

Présentes

est aujourd'hui l'une des plus brillantes avocates du barreau de Paris. Il a fallu toute sa combativité, ainsi que le soutien indéfectible de ses parents, pour lui permettre de réintégrer une scolarité classique et rattraper le retard accumulé dans son enfance.

Vous me direz, peut-être : quel rapport avec le féminisme ? Si vous saviez. Il y en a tellement. À commencer par le fait que les femmes handicapées, parce qu'elles sont physiquement et symboliquement écartées de la société, sont les plus touchées par les violences sexuelles. 34 % des femmes en situation de handicap déclarent avoir été victimes de violences physiques ou sexuelles de la part d'un partenaire, contre 19 % pour les autres femmes. 61 % déclarent avoir été victimes de harcèlement sexuel[1]. Pourtant, ces violences restent complètement ignorées des campagnes de sensibilisation, comme si elles étaient taboues, comme si elles n'entraient pas dans le champ des violences faites aux femmes. Pour Elisa Rojas, la cause en est l'infantilisation des femmes handicapées. « On n'est pas reconnues comme des femmes, explique-t-elle. L'injonction numéro 1 est de rester des petites filles. On nous demande d'être asexuées et on nous refuse l'accès à deux choses fondamentales qui sont liées à l'âge adulte : la sexualité et la maternité. On ne vous envisage pas dans ces deux rôles-là. » C'est la même infantilisation, la même vulnérabilisation que celle

---

1. « La violence à l'égard des femmes : une enquête à l'échelle de l'UE », Agence des droits fondamentaux de l'Union européenne (FRA), rapport 2014.

Présentes dans la ville

qui est orchestrée contre les femmes en général dans la société (rappelez-vous ce que nous expliquaient Chris Blache et Pascale Lapalud), mais à la puissance mille. On dit aux femmes handicapées : non seulement la ville n'est pas faite pour vous, mais en outre les vies sexuelles, familiales et amoureuses vous sont interdites.

Les femmes handicapées subissent de plein fouet un phénomène de *mansplaining* permanent, qui provient dans leur cas des institutions publiques. On décide à leur place ce qui est bon pour elles. Ce sont des organismes d'État qui décident de leur destin, qui leur «expliquent la vie» selon un mécanisme d'oppression qui a été identifié et décrit par les militantes féministes (nous reviendrons plus en détail sur ce mécanisme de *mansplaining* très bientôt, c'est promis). Dans les médias, c'est encore plus navrant. Les personnes handicapées ne représentent que 0,6 % du paysage télévisuel[1] (je rappelle qu'elles constituent 20 % de la population française). Et quand on parle d'elles, c'est à travers un prisme si imbibé de validisme que c'en est écœurant. Quand les journaux télévisés ou la presse parlent des personnes handicapées, c'est toujours sous l'angle soit de l'admiration béate, soit du misérabilisme le plus complet[2]. D'un côté, l'athlète handisport qui «dépasse son handicap» et devient un modèle de courage ou d'endurance, de l'autre, les handi-capés du Téléthon, grand-messe annuelle entérinant

---

1. Rapport «Handicap et télévision», CSA, 29 mai 2018.
2. «I am not your inspiration, thank you very much», TED Talks de la militante australienne Stella Young, juin 2014.

Présentes

l'idée que ces personnes ont des vies abominables et doivent être sauvées par la charité des Français·e·s. À ce sujet, Elisa Rojas a publié, avec l'humour qui la caractérise, un billet éclairant sur son blog, dont voici un extrait : «Après cinq ans d'études, je m'apprête à embrasser la profession que j'ai choisie. La nuit, je ne rêve pas de courir un cent mètres, de faire du saut à l'élastique, ni de ressembler à Pamela Anderson ou à Carla Bruni. Je suis bien comme je suis, fauteuil roulant compris. D'ailleurs, contrairement à ce que tous les journalistes (sans exception) prétendent, je ne suis pas «clouée» (tel le Christ sanguinolant sur sa croix...), mais tout simplement «assise» dessus. À vrai dire, ce qui me fait le plus souffrir dans cette existence n'est pas directement lié à ma maladie, mais au ramassis d'hypocrisie et de compassion que relaie allègrement le Téléthon. Quels que soient mes difficultés, mes peines et mes doutes, je n'envie pas une seule seconde la vie de ceux qui s'autorisent à préjuger de la mienne. Et s'il y a bien une chose dont je suis sûre et certaine, c'est que je n'ai pas besoin que l'on me plaigne.»

Ce soir-là, au Carreau du Temple, à la demande d'Élisa, on a regardé des images du documentaire «Defiant Lives», réalisé en 2017 par l'Australienne Sarah Barton. Ce film raconte l'une des actions politiques les plus longues et les plus radicales jamais menées aux États-Unis : l'occupation durant vingt-cinq jours, en 1977, de locaux du ministère de la Santé à San Francisco par 150 militants handicapés. Il y avait ce soir-là

Présentes dans la ville

dans la salle, devant cette vidéo, un silence ébahi, tant on est peu habitués à voir des corps handicapés en position de lutte, de combat politique, de puissance. Nos imaginaires validistes ne conçoivent tout simplement pas les personnes en situation de handicap comme des personnes capables de revendiquer par elles-mêmes leurs droits. On ne les considère pas, et encore moins les femmes, aptes à avoir leurs pensées, leurs désirs, leur vie à elles.

Une fois qu'on a compris cela, on peut tirer le fil et comprendre que dans la ville, dans l'espace public en général, seuls certains corps sont «validés» par les représentations inconscientes de la société. Les corps symboliquement autorisés à circuler sans entrave sont les corps des personnes valides. Ce bannissement touche avec la même force les personnes grosses, tout particulièrement les femmes, comme l'ont démontré les militantes antigrossophobie venues enrichir de leur réflexion le mouvement féministe ces dernières années. Le mot «grossophobie» a fait son entrée dans le dictionnaire en 2017 et est en train de pénétrer lentement dans les esprits. Alors qu'au moins 15% des Françaises et des Français[1] sont concerné·e·s, cette discrimination spécifique fait l'objet de peu d'études, la question est invisibilisée dans les médias, les personnes grosses sont très peu représentées et il est encore rare que leurs témoignages

---

1. Selon les derniers chiffres de l'Organisation mondiale de la santé (OMS), 15% des adultes français sont obèses.

Présentes

émergent. Je recommande la lecture du livre des fondatrices du collectif Gras Politique, Daria Marx et Eva Perez-Bello, *Gros n'est pas un gros mot* (Librio, 2018), qui permet de comprendre ce que signifie être une femme grosse dans l'espace public. C'est une succession, rapportent les autrices, d'entraves matérielles (les sièges des transports en commun, les lits des hôpitaux, les chaises et les tables dans les restaurants ne sont pas pensées pour vous) et symboliques (les regards condescendants ou réprobateurs qui se posent sur vous quand vous avez le malheur de manger en public, les remarques paternalistes des médecins qui mettent tous vos problèmes de santé sur le compte de votre poids) qui empêchent tout simplement de circuler l'esprit et le corps libres dans l'espace public[1]. On retrouve ce même type d'infantilisation, cette idée que les femmes grosses subissent leurs corps, qu'il faut leur expliquer la vie, leur donner des conseils pour leur régime alimentaire ou leur santé. Il y aussi, en filigrane, le déni de la possibilité d'avoir une vie sexuelle, amoureuse, familiale. Il n'est pas anodin que la PMA soit refusée en France aux femmes qui ont un indice de masse corporelle (IMC) au-dessus de 30.

Vous vous dites peut-être que j'exagère à établir un lien entre handicap et surpoids. Pourtant, je n'en

---

1. Pour en savoir plus : épisode 34 de *La Poudre*, avec Daria Marx, réalisatrice du documentaire «Ma vie en gros», diffusé sur France 2 en février 2020. Lire également : *On ne naît pas grosse*, de Gabrielle Deydier, une autre militante antigrossophobie, Éditions Goutte d'or, 2017.

démords pas : il s'agit toujours du même type de discrimination. Une discrimination basée sur la perception du corps, son apparence visible. Cette enveloppe physique, quand on est une femme, détermine un destin. Qu'on soit une femme assignée femme à la naissance ou non. Les femmes transgenres continuent d'être la cible de plus de violences que n'importe quelle autre femme dans l'espace public. On ne dispose d'aucun chiffre fiable concernant ces agressions (ce qui est révélateur de la non-prise en compte de ces violences par la société), mais, en 2016, les sociologues Arnaud Alessandrin et Karine Espineira[1] estimaient que 85% des personnes transgenres seraient agressées au cours de leur vie. On retrouve ici les dérives habituelles : violences médicales et gynécologiques, paternalisme, déni de capacité à décider pour soi. En France, une personne trans doit passer devant un juge pour modifier son état civil en fonction de son genre ressenti, témoignages de proches l'appui, et jusqu'à une loi de 2016, on pouvait soumettre cette personne à des tests psychiatriques et à des traitements hormonaux de stérilisation pour qu'elle voie sa demande aboutir. Dans les faits, aujourd'hui encore, si l'apparence de la personne n'est pas considérée comme suffisamment proche du genre ressenti, ou que son besoin n'est pas estimé suffisamment urgent, cette demande de changement d'état civil sera rejetée[2].

---

1. Arnaud Alessandrin et Karine Espineira, *Sociologie de la transphobie*, Maison des sciences de l'homme d'Aquitaine (MSHA), 2016.
2. Site de l'Association commune trans et homo pour l'égalité (Acthe).

Présentes

Tout cet éventail d'agressions, physiques ou symboliques, annihile la faculté à être pleinement citoyen·ne·s
et empêche, par ricochet, d'évoluer dans l'espace public.
Comment occuper fièrement et librement la ville quand
on sait que son existence même est remise en cause ? Le
31 mars 2019, à quelques pas du Carreau du Temple,
une femme trans, Julia, a été attaquée place de la République. «Sale pédé», jets de cannettes de bière, quolibets humiliants… Julia a néanmoins trouvé la force de
témoigner dans les médias et le courage de porter plainte
contre ses agresseurs. Beaucoup de personnes transgenres préfèrent taire ces violences, par crainte de «faire
des vagues» ou pour se protéger des violences administratives et de l'humiliation causée par des policiers qui
vont les infantiliser et les mégenrer (c'est-à-dire utiliser
le genre féminin pour parler à un homme trans ou le
genre masculin pour parler à une femme trans). L'un
des agresseurs de Julia a été condamné à dix mois de
prison. L'agression a eu lieu en marge d'une manifestation d'opposants algériens et, évidemment, beaucoup de
commentateurs se sont empressés d'associer l'attaque à
l'origine, voire à la religion, des assaillants. On est même,
je crois, en droit de se demander si l'accident n'a pas
bénéficié d'une telle couverture médiatique parce qu'il
permettait de démontrer qu'encore et toujours c'est
«l'autre» le harceleur, pas «nous». Pourtant, Julia a été
limpide à ce sujet : elle aurait pu être agressée de la sorte
par n'importe quelle autre catégorie de personnes. «Je ne
veux pas que les gens fassent l'amalgame, a-t-elle déclaré

Présentes dans la ville

sur une chaîne d'information. J'ai vu beaucoup de gens me soutenir, mais tomber dans des discours d'intolérance, disant que mes agresseurs m'ont attaquée parce qu'ils sont d'une certaine communauté. Je ne veux pas entrer dans ce débat. Ils m'ont agressée par ignorance[1].» Une ignorance des transidentités, sans doute, mais aussi une intolérance, ancrée dans les esprits, pour tout corps sortant de la norme. «Beaucoup de gens me voient comme un homme travesti, poursuit Julia dans cette interview. Je suis au départ de ma transition, les gens peuvent me voir comme un homme maquillé, habillé en femme, et ne comprennent pas forcément.» Combien de Julia vivent au quotidien ce type d'agressions sans pour autant faire la une des journaux?

J'aurais préféré ne pas avoir à ajouter ici la remarque qui suit, mais de récents rebondissements m'y obligent. Début 2020, en France, on a observé au sein du mouvement féministe une montée inquiétante de la transphobie. Quelques militantes qu'on désigne sous le nom de «Terf» (pour Trans-Exclusionary Radical Feminist, selon une expression apparue aux États-Unis en 2008) se sont mises à défendre, notamment sur les réseaux sociaux, l'idée que les femmes trans seraient des hommes infiltrés parmi les féministes pour «coloniser» (joli choix de mot) le mouvement[2]. Elles revendiquent l'idée qu'être femme, c'est être pourvue biologiquement des attributs

---

1. LCI Midi, émission du 3 avril 2019.
2. «Le mouvement Collages féminicides se déchire sur la question trans», *Le Monde*, 31 janvier 2020.

Présentes

généralement admis comme «féminins», soit une vulve et un utérus. À coups de tribunes et de coups d'éclat dans les colonnes «opinion» de certains grands médias, elles ont réussi à faire croire qu'il y avait débat. C'est un recul démocratique d'une violence inouïe. Je ne veux pas m'attarder trop longtemps sur cette question, parce que, justement, il n'y a pas débat. Les femmes trans sont des femmes. Il n'y a rien à ajouter à cela. Leur existence est attestée par la loi, par la science, par l'histoire, par les faits. Point. Mais si certain·e·s ici ont besoin de plus d'arguments : 1/ on sait depuis Simone de Beauvoir qu'«on ne naît pas femme, on le devient» (*Le Deuxième Sexe*, 1949), autrement dit, que la condition de femme n'est pas un destin biologique, mais un ensemble de construits sociaux et culturels ; 2/ quel intérêt une personne aurait-elle à rejoindre un groupe social systématiquement dénigré, sous-payé, sous-représenté et violenté, si ce n'est parce que c'est un besoin profondément ressenti dans son âme et dans sa chair ? Si les femmes transgenres sont présentes dans le mouvement féministe, c'est qu'elles subissent des violences de genre, et même plus encore que les femmes cisgenres (c'est-à-dire les femmes dont le genre ressenti correspond au genre assigné à leur naissance). Au-delà du fait que certaines personnes nient leur existence même, elles sont aussi plus précaires économiquement – notamment en raison du rejet fréquent par leurs familles et leurs proches – plus exposées au viol, au harcèlement, aux violences médicales et administratives, elles sont aussi

Présentes dans la ville

plus que toute autre femme la cible des féminicides. On dispose de peu de chiffres sur le sujet, notamment parce que les femmes trans sont surreprésentées parmi les travailleuses du sexe et meurent souvent sans qu'on daigne écrire leur nom, mais, selon une étude de l'association Aide aux trans du Québec, 8,3 % des femmes trans aux États-Unis courent le risque de se faire tuer, alors que le taux normal est de 0,005 %. C'est 1 660 fois plus élevé. Ajoutons qu'à ce jour, en France, les personnes trans sont encore exclues du droit d'accès à la procréation médicalement assistée, malgré l'ouverture en janvier 2020 de ce droit aux couples de femmes et aux femmes célibataires. Ces questions sont complexes et l'opinion publique a encore du mal, faute d'être suffisamment informée, à comprendre les enjeux liés aux transidentités – ce qui n'arriverait pas si les personnes trans n'étaient pas invisibilisées dans les médias. Mais heureusement, ces dernières années, un tas de ressources théoriques sur les transidentités sont apparues. Je pense au compte Instagram @agressivelytrans tenu par la militante Lexie, à la série documentaire « Océan », écrite et réalisée par Océan, diffusée sur france.tv/Slash, qui décrit sa transition en 2019 ou aux sites des associations Acceptess-T, OUTrans, Espace Santé Trans... On peut aussi lire le travail de Paul B. Preciado qui a longuement documenté sa propre transition dans ses ouvrages. Informez-vous et ne vous laissez pas embobiner par les délires de cette poignée de femmes qu'on ne peut décemment pas qualifier de féministes. Je précise

Présentes

que la transphobie, ainsi que l'homophobie, le racisme et le sexisme sont punis par la loi. Il ne s'agit pas d'une opinion mais d'un délit. Fin de la remarque.

Continuons de réfléchir encore à cette idée des corps dont on barre symboliquement l'accès à l'espace public. J'écoutais récemment un podcast[1] dans lequel une jeune femme lesbienne racontait la peur qu'elle avait de tenir la main de sa copine dans la rue. Ce geste anodin accompli par la plupart des couples hétérosexuels sans que jamais on le questionne est une possibilité presque inenvisageable quand on est un couple de femmes. C'est s'exposer aux quolibets, aux regards lubriques et sexualisants d'hommes pour qui l'amour entre deux femmes relève du fantasme sexuel. Jusqu'à il y a très peu de temps, la requête «lesbienne» sur Google renvoyait en premier chef à des contenus pornographiques. Alors que le mot «gay» renvoyait à des pages informatives. Comment imaginer qu'une femme lesbienne, tout particulièrement une adolescente pleine de questionnements, puisse s'informer sereinement dans de telles conditions? Il a fallu l'action du collectif SEO Lesbienne pour que le moteur de recherche corrige ce biais sexiste et lesbophobe en juillet 2019. Selon une enquête menée par SOS Homophobie en 2015, 18 % des lesbiennes ne manifestent jamais de geste de tendresse à leur partenaire dans l'espace public[2].

---

1. «Who's Allowed to Hold Hands», épisode de *Modern Love*, podcast du *New York Times*.
2. «Visibilité lesbienne et lesbophobie», enquête menée par SOS Homophobie auprès de 7 126 répondantes, novembre 2014.

Présentes dans la ville

Une amie me racontait même qu'elle se sentait plus en sûreté lorsqu'elle rentrait à pied seule en pleine nuit que lorsqu'elle marchait au bras de sa fiancée. Comme je le signalais dans l'introduction, les agressions lesbophobes, les agressions sexuelles et les viols de femmes lesbiennes sont légion. Il n'est pas anodin qu'en France le premier «procès du viol», comme l'avait désigné l'avocate Gisèle Halimi, soit intervenu après la plainte d'un couple de femmes, Anne Tonglet (24 ans) et Araceli Castellano (19 ans), deux touristes belges violées à l'été 1974 par trois hommes, alors qu'elles faisaient du camping près de Marseille. Le procès de leurs agresseurs, à Aix-en-Provence, en mai 1978, a marqué l'opinion publique française et engendré une prise de conscience sur les conséquences du viol pour les victimes. Les trois hommes ont été condamnés à des peines allant de quatre à six ans de prison à l'issue d'un procès éprouvant au cours duquel les avocats des violeurs accusent les plaignantes d'être «provocantes» en raison de leur sexualité. En 1980, une loi amende la législation qui datait du Code pénal de 1810 et fait du viol un crime puni de quinze ans de réclusion criminelle. C'est grâce au courage de ces deux femmes lesbiennes qu'on a pu commencer à poser (ô combien péniblement) les jalons d'une compréhension de la «culture du viol». On dispose de peu de chiffres en France, mais, selon Amnesty International, 23 % des jeunes femmes lesbiennes aux États-Unis ont rapporté

Présentes

avoir été l'objet de tentative de viol, et 50 % d'entre elles ont été harcelées sexuellement[1].

La militante Alice Coffin, cofondatrice du fonds de dotation Lesbiennes d'intérêt général, et que vous retrouverez plus loin dans ce livre, pose les choses avec une clarté confondante : « Quand je vais dans la rue, mon corps de lesbienne est politique. » Les femmes lesbiennes, parce qu'elles s'affranchissent de la façon la plus radicale qui soit de l'ordre patriarcal, risquent à chaque instant de se voir signifier qu'elles ne sont pas les bienvenues dans l'espace urbain. C'est pour cela que la militante féministe française Monique Wittig, autrice de l'incontournable *La Pensée straight* (Éditions Amsterdam, 2018) – que je vous ordonne d'aller emprunter à la bibliothèque aussitôt ce livre refermé – disait : « Les lesbiennes ne sont pas des femmes. » Elles ne sont pas des femmes « sociales », car elles remettent en cause fondamentalement l'ordre de soumission des femmes aux hommes qui imbibe chacune des couches de la société en envisageant pour seule norme l'hétérosexualité. Je rappelle ici que le mariage entre personnes du même sexe n'a été autorisé en France qu'en avril 2013 et qu'aujourd'hui encore des hordes de manifestant·e·s hurlent sous les fenêtres de l'Assemblée nationale « Un papa, une maman » chaque fois qu'on examine la possibilité pour les personnes homosexuelles de fonder une famille comme n'importe quel citoyen·ne.

---

1. Enquête de 2003 consultable sur le site d'Amnesty International.

Présentes dans la ville

Bon, alors, si on résume : l'accès à l'espace public qui, en théorie, n'est interdit à personne, est en réalité presque toujours refusé aux femmes handicapées, aux femmes grosses, aux femmes trans, aux femmes lesbiennes. Vous constaterez qu'il reste moins de monde, du coup. Surtout que je ne vous ai pas encore parlé d'une catégorie de femmes parmi les plus insultées, les plus agressées, les plus méprisées dans l'espace public : les femmes musulmanes portant le voile. Selon un rapport du Collectif contre l'islamophobie en France (CCIF), 75 % des agressions islamophobes visent des femmes[1]. Une étude de l'Ifop de 2019[2] a noté des taux de discriminations record chez les femmes voilées (60 % d'entre elles sont concernées, contre 44 % des femmes musulmanes non voilées et 38 % des hommes musulmans), ce qui confirme, pour l'institut de sondage, «la corrélation entre la visibilité de sa religion et l'exposition à une forme de rejet».

C'est le moment voile de ce livre. Le moment où une partie d'entre vous risque de grommeler : «Ah non, là, je ne suis pas d'accord.» Je suis d'ailleurs surprise d'avoir pu écrire plusieurs fois ce mot ici sans avoir vu débarquer dans mon bureau une armée de militant·e·s

---

1. Rapport 2017 du CCIF.
2. Étude de l'Ifop pour la Délégation interministérielle à la lutte contre le racisme, l'antisémitisme et la haine anti-LGBT (Dilcrah) et la Fondation Jean-Jaurès réalisée par téléphone, du 26 août au 18 septembre 2019, auprès d'un échantillon de 1 007 personnes, représentatif de la population de confession musulmane âgée de 15 ans et plus résidant en France métropolitaine.

Présentes

du Printemps républicain[1] brandissant des pancartes barrées du mot «Laïcité» écrit en lettres de sang et me traitant d'«islamo-gauchiasse» à travers un mégaphone. Je vous avoue que je ne comprends pas, en fait, cette obstination de l'opinion publique française à poser éternellement cette «question du voile». Le débat devrait pourtant pouvoir se résumer en une phrase : les femmes s'habillent comme elles veulent. Point. Elles font ce qu'elles veulent. Et présupposer que le voile que portent certaines femmes musulmanes leur a été mis de force sur la tête par un horrible barbu revient à une forme tellement élémentaire de racisme que je n'ai même pas envie de prendre le temps de développer ce point. C'est simple, vous n'avez qu'à parler à des femmes musulmanes portant le foulard. Vous constaterez que ce n'est pas vrai. Vous verrez que oui, sans doute, il y a des femmes qui le portent par obligation familiale ou par contrainte maritale – tout comme il y a des femmes qui sont contraintes par leur mari à porter des talons ou des guêpières, notez bien. Mais vous verrez que, bien souvent, c'est un simple geste de foi ou un geste culturel. Les gens ont des religions. Les gens ont des cultures. Allô la France! Parfois aussi des femmes musulmanes portent le voile pour des centaines d'autres raisons que je n'ai pas besoin de tenter d'énumérer ici, parce que le port d'un vêtement est une décision personnelle. Et

---

1. Ce mouvement politique français, fondé en mars 2016, défend une conception rigoureusement laïque de tous les espaces de la République contre les «défaiseurs identitaires».

Présentes dans la ville

que les femmes s'habillent comme elles veulent, quels que soient leur origine, leur religion, leur poids, leur âge, leur taille. Est-ce qu'on peut parler d'autre chose? Est-ce qu'on peut foutre la paix à ces femmes et les laisser vivre, circuler, étudier, travailler, briller à la place qu'elles méritent?

Si vous échangiez ne serait-ce que quelques instants avec une femme musulmane portant le voile, vous sauriez que, pour elle, traverser la ville revient à se confronter sans cesse à des regards méprisants, à des insultes racistes, voire à des crachats et à des gestes menaçants. Vous sauriez que ces violences s'accentuent chaque fois que se produit en France un attentat isla-miste. Vous sauriez que porter un voile, c'est être pour ces femmes en permanence associées à la pire des folies terroristes dans l'imaginaire collectif français. C'est inquiétant et irrationnel. Comme si on sautait à la gorge de toutes les personnes qui portent une médaille de baptême autour du cou pour leur reprocher les agisse-ments des prêtres pédophiles! Quel sens cela a-t-il? En tant que femme, en tant que féministe, il me semble qu'il est impossible de rester muette face à l'évidente montée du racisme contre les musulmans en France. Et nommer la montée de cette violence n'est en rien une façon d'occulter les autres violences perpétrées au nom de la religion. L'étude de l'Ifop précédemment citée rappelle d'ailleurs que ce n'est pas chez les musulmans que les violences liées à la religion sont les plus répandues, qu'elles soient de nature verbale (24 % de ces attaques

Présentes

visent les musulmans, 66 % ont pour cibles des juifs)
ou physique (7 % des attaques sont orientées vers des
musulmans, contre 34 % vers des personnes de confession juive). Au regard des atrocités auxquelles l'antisémitisme a pu mener par le passé, je trouve inadmissible
qu'on nie l'urgence de se pencher sur la montée de cette
haine fondée sur la religion. Quel que soit le point de
vue depuis lequel on se place, laïque ou religieux, il est
insupportable de constater qu'aujourd'hui, en France,
des personnes sont la cible de violences en raison de la
pratique de leur foi.

En 2018, le nombre d'actes antisémites recensés a
explosé : 541 faits ont été dénombrés, soit une augmentation de 74 % par rapport à 2017[1]. Au cours de la
même année, le CCIF a observé une hausse des actes
islamophobes de 52 % par rapport à l'année précédente.
Il est irresponsable d'opposer les personnes qui luttent
contre l'antisémitisme à celles qui luttent contre l'islamophobie, comme le font trop souvent les commentateurs dans l'espace médiatique. Si les attaques dirigées
contre des personnes en raison de leur religion sont en
hausse, c'est pour une raison très claire : la montée des
discours racistes dans l'espace médiatique. Ne nous y
trompons pas : la même idéologie est derrière ces deux
négations de l'altérité, une idéologie qui souhaite exclure
toutes celles et ceux qui ne se fondraient pas dans un
moule «français» créé de toutes pièces par le récit

---

1. Dilcrah, février 2019.

74

Présentes dans la ville

national. Ce sont les mêmes personnes qui haïssent les juifs, les femmes, les musulmans, les homosexuels et les personnes transgenres. Ce sont les mêmes ennemis que nous combattons. En 2020, ils ont pignon sur rue dans des émissions de grande écoute sur les chaînes de télévision et de radio. Ils publient des livres qui contiennent toujours le mot «français» dans le titre et en vendent des centaines de milliers d'exemplaires à force d'être présentés dans les médias comme des «penseurs» et des «intellectuels» au lieu d'être désignés comme ce qu'ils sont : des militants d'extrême droite. Je ne veux pas écrire leurs noms ici, car on leur fait suffisamment de publicité. Et je préfère me concentrer sur leurs victimes, celles qui subissent de plein fouet le discours de propagande dangereux qu'ils diffusent en toute impunité. Les femmes musulmanes portant le voile sont en première ligne.

Ces femmes font l'objet de violences spécifiques, qu'il faut nommer et analyser. Fort heureusement, il existe en France des femmes brillantes, courageuses et concernées qui s'attellent à cette tâche. Parmi elles, la sociologue Hanane Karimi, venue donner en mars 2019 sur la scène du Carreau du Temple une conférence dont l'évocation me donne aujourd'hui encore des frissons d'émotion. Hanane porte un foulard sur ses cheveux. Je ne sais pas ce qui l'a motivée à le porter, je ne le lui ai pas demandé, parce qu'en fait, ça ne me regarde pas. Mais je sais que ce soir-là, au Carreau du Temple, j'avais face à moi une militante et chercheuse qui a fait se lever la

Présentes

salle entière, larmes aux yeux, lorsqu'elle a demandé que nous commencions la soirée en égrenant les prénoms des 30 victimes de féminicides depuis le 1er janvier 2019. Nous étions le 8 mars : 2019 s'est achevée sur, je le rappelle, le chiffre révulsant de 149 victimes de féminicides recensées.

Hanane Karimi est l'autrice d'une thèse passionnante, soutenue en 2017 à l'université de Strasbourg, sur *l'agency* des femmes musulmanes françaises. *L'agency* est un concept qu'on pourrait traduire en français par «l'agentivité» et qui signifie la capacité pour une personne d'agir en dépit des barrières structurelles qui lui sont imposées[1]. C'est une femme qui, après avoir été poussée à abandonner ses études (sous la pression de la circulaire Bayrou de 1998 interdisant le port du voile dans les lycées – elle avait alors 19 ans et était en BTS), a été pendant dix ans mère au foyer, avant de décider de divorcer, de reprendre ses études et de devenir, à force de travail et d'acharnement, docteure en sociologie. Hanane Karimi a aussi été la porte-parole du collectif Les femmes dans la mosquée, constitué en octobre 2013 afin de dénoncer les discriminations s'exerçant au sein de la mosquée de Paris contre les femmes musulmanes. «L'imam de la Grande Mosquée lors d'un prêche avait décrété que la mixité était mauvaise, même si les femmes sont à l'arrière, derrière un rideau, pendant la prière,

---

1. Pour aller plus loin : *Politique de la piété. Le féminisme à l'épreuve du renouveau islamiste*, de l'anthropologue pakistano-américaine Saba Mahmood, La Découverte, 2009.

Présentes dans la ville

rappelait Hanane Karimi lors de sa conférence. Il décide donc de reléguer les femmes au sous-sol. Le ras-le-bol est né de l'intrication des oppressions qu'on vit au quotidien. Ici invisibilisées dans l'espace public, confrontées à l'interdiction d'aller dans des écoles publiques telles que nous sommes, discriminées quand on cherche du travail et dans les salles de sport... Et là, dans les mosquées! On s'est dit : ce n'est plus possible, c'est l'invisibilisation de trop!» La plus forte action de ce collectif a été d'organiser un happening devant la Grande Mosquée, qui s'est soldé par une expulsion manu militari des manifestantes. Quoi de plus féministe que cette action? Hanane Karimi est féministe, mais cette possibilité même lui est refusée par une grande partie de la société. C'est simple, en France, on n'envisage pas qu'on puisse être à la fois féministe et porter le voile. Pis encore, l'exclusion des femmes voilées de l'espace public se fait au nom du féminisme, il y a de quoi en frémir. «Dire qu'une femme qui porte le voile ne peut pas être féministe, c'est dire qu'elle n'a pas de réflexion, de capacité d'agir dans son quotidien, dans sa communauté, dans la société, à partir de là où elle est. C'est de l'exclusion politique et c'est le dévoiement de problématiques féministes pour servir des intérêts racistes.» En s'appuyant sur la notion de «racisme genré» développée dans sa thèse, Hanane Karimi aboutit à l'idée qu'il existe dans l'espace public «une féminité attendue» et, par conséquent, une «féminité disqualifiée». Elle développe : «À partir du moment où on nous dit comment apparaître dans l'espace public,

77

Présentes

et que nous devons nous conformer à cette discipline de présentation de soi, sous peine d'exclusion, alors, on crée de la "bonne féminité". Une féminité républicaine, séculière, une "bonne féminité" citoyenne qui s'oppose à la féminité valorisée au niveau religieux. On trace une ligne très franche en disant : "Vous, vous ne faites pas partie de la féminité".»

Je trouve cela limpide, et vous comprendrez sans doute qu'il s'agit d'un prolongement de ce que nous avons abordé plus haut concernant les femmes en situation de handicap, ou grosses, ou trans ou lesbiennes dans l'espace public. Seule une certaine catégorie de femmes est parfaitement libre de s'y déplacer : une femme arborant extérieurement les codes d'une féminité à l'occidentale, cheveux au vent, bras nus, jambes visibles. Cette idée-là est un ressort redoutable, qui fait dire des bêtises à bien des militantes féministes. Par exemple, quand les Femen, ces activistes féministes qui se sont rendues célèbres ces dernières années en surgissant poitrines nues, la peau couverte de slogans, dans des lieux symboliques du pouvoir masculin ou religieux, scandent «La nudité, c'est la liberté», je ne peux que m'opposer à cette idée. Bien que ce mouvement porte souvent des combats justes et dénonce efficacement la culture du viol et le féminicide, il me semble que ce slogan répété à l'envi lors des flamboyants happenings des Femen colporte une idée dangereuse et fausse. La liberté, c'est la nudité ou la pudeur. La liberté, c'est de pouvoir librement choisir l'un ou l'autre.

Mais la France a tendance à survaloriser l'option

Présentes dans la ville

« belle toute nue », dans un geste culturel qui a beaucoup à voir avec ce culte de la gaudriole qui en a conduit certaines à appeler à la « liberté d'importuner ». Vous souvenez-vous de l'affiche de campagne de Marine Le Pen, la présidente du Front national, pour le second tour de l'élection présidentielle de 2017 ? La photo la montrait assise sur son bureau dans une jupe noire qui dévoilait franchement son genou et sa cuisse. Pour moi, aucun souci, bien sûr, à ce qu'une femme politique montre ses jambes. Mais, derrière cette image, il y avait une dénonciation de ceux (« suivez mon regard ») qui pourraient être choqués par une femme dévoilant un morceau de peau. « Choisissez la France », disait l'affiche. Et son staff s'était chargé de glisser en off aux journalistes qu'il s'agissait là d'« un message subliminal au sujet de l'islam[1] ». Je rappelle que Marine Le Pen a reçu 33,9 % des voix des Français·e·s au second tour. Malheureusement, il n'y a pas qu'à l'extrême droite qu'on associe la France à la peau visible des femmes. Rappelez-vous cette phrase d'un ancien Premier ministre socialiste[2], en août 2016, en pleine « affaire du burkini ». Il avait clamé au cours d'un meeting : « Marianne a le sein nu parce qu'elle nourrit le peuple, elle n'est pas voilée parce qu'elle est libre ! C'est ça, la République ! » Il faisait ici référence au fameux tableau d'Eugène Delacroix, *La Liberté guidant le peuple*, où l'on peut voir une révolutionnaire

---

1. Tweet d'Alex Sulzer, journaliste politique au *Parisien*, 26 avril 2017.
2. Manuel Valls.

Présentes

dépoitraillée et coiffée d'un bonnet phrygien mener la révolte sur une barricade[1]. En prononçant cette phrase, Manuel Valls exprime haut et fort l'idée selon laquelle, pour appartenir à la République, il faut être une femme qui se dévoile. Il y a, là encore, un champ infini de contradictions à explorer ! Toute femme ayant souhaité allaiter son enfant dans l'espace public vous dira que son sein nu n'est clairement pas le bienvenu partout et tout le temps. Toute femme aimant porter des décolletés témoignera sans doute des gestes d'agression et des insultes qu'elle récolte quand elle se déplace dans cette République qui dit tant aimer les seins des femmes. Et puis je me sens obligée de rappeler que, s'il est parfaitement toléré que les hommes se baladent torse nu, tétons visibles, dans les villes de bord de mer en été ou se baignent à la piscine en simple slip, cette possibilité n'existe pas pour les femmes. Nos tétons engendrent un réflexe de pudeur, inexplicable autrement que par des siècles de tabous modelés par les croyances religieuses. Alors que cet homme politique aille se rhabiller (ah ah…) lorsqu'il veut nous faire croire que Marianne est une femme aux seins nus fièrement dressés. Marianne est une bourgeoise avec une jupe aux genoux et une chemise ouverte de deux boutons grand max. Et

---

1. On considère que le personnage principal de ce tableau (1830) est inspiré de l'amazone Théroigne de Méricourt, une révolutionnaire, ex-courtisane, qui a été traitée de putain toute sa vie, violée collectivement et qu'on a laissé mourir de folie dans un asile, ce qui en dit long sur la façon dont la République traite les femmes qui montrent un peu trop de peau. Pour en savoir plus : *Mes ancêtres les Gauloises. Une autobiographie de la France*, d'Élise Thiébaut, Cahiers libres, La Découverte, 2019.

Présentes dans la ville

si elle a le malheur de passer au-dessous ou au-dessus de cette ligne, elle sera, de toute façon, montrée du doigt.

Ouvrons une courte parenthèse pour évacuer quelque chose qui, je vous connais, vous titille. On peut défendre les droits des femmes musulmanes en France tout en soutenant les femmes iraniennes qui se battent contre l'obligation légale de porter ce foulard. (D'ailleurs, précise Hanane, si elle était iranienne, elle serait de celles qui le brandissent au bout d'un piquet.) C'est la même chose. Ce sont deux violences contre les femmes. Vouloir arracher le voile de leur tête est tout aussi intolérable que de vouloir leur imposer de force. Cela me semble pourtant simple à comprendre. Mais il y a en France une hypocrisie immense à pointer du doigt ce morceau d'étoffe comme étant la pire des oppressions patriarcales imposées aux femmes, alors qu'il en existe tant d'autres, si enfouies dans l'inconscient collectif qu'elles en sont devenues invisibles. Dans sa thèse, Hanane Karimi parle «d'assignation à l'altérité radicale» : «On construit des gens qui sont nés en France, socialisés en France, qui sont des citoyennes et des citoyens français, comme des autres radicaux. On les construit à travers une désignation de leur pratique comme hérétique et dangereuse.»

Comme le souligne Hanane Karimi, dans le sillage de penseuses musulmanes comme Fatima Mernissi[1],

---

1. Cette sociologue marocaine, décédée en 2015, a œuvré pour une lecture féministe de l'islam, notamment avec son livre *Le Harem politique. Le Prophète et les femmes* (Albin Michel, 1987). Elle y écrit : «Nous, femmes musulmanes, pouvons marcher dans le monde moderne avec fierté, sachant

Présentes

«en rejetant le sexisme sur les populations musulmanes, on s'innocente. On dit en substance "Nous, les Blancs, nous sommes progressistes, nous sommes innocents"». Et donc, nous, les Blancs, on ne viole pas, on ne frappe pas, on n'agresse pas les femmes. J'aurais presque envie de répondre «LOL» à cette phrase, si cela n'était pas si grave. Quand on considère qu'une culture a l'apanage du sexisme, on ne regarde pas la sienne. Et c'est une prérogative du dominant que de ne pas regarder ses propres travers. «L'une des mesures de la discrimination vis-à-vis d'un groupe, outre le paternalisme, est l'application constante du "deux poids deux mesures", du double standard, écrit à ce sujet la chercheuse Christine Delphy[1], l'une des fondatrices Mouvement de libération des femmes (MLF). On exige plus des individus du groupe stigmatisé – qu'il s'agisse des groupes racisés, des homosexuels, des femmes – que de ceux du groupe dominant. Ils/elles doivent "mériter" ce que les autres ont de droit, de naissance.»

Il est absolument intolérable qu'on utilise le voile comme un prétexte pour exclure, avec une virulence de plus en plus explicite, certaines femmes musulmanes

---

que la quête pour la dignité, la démocratie et les droits humains, pour la pleine participation dans les affaires politiques et sociales de notre pays ne proviennent pas de valeurs occidentales importées, mais font véritablement partie de la tradition musulmane.»

1. «Antisexisme ou antiracisme? un faux dilemme», quatrième partie, Christine Delphy, 8 mars 2017, site lmsi Les mots sont importants. Malheureusement, ces derniers temps, cette chercheuse a adhéré à des positions transphobes condamnables. Son analyse reste néanmoins pertinente sur les questions d'intersection entre racisme et sexime.

82

Présentes dans la ville

de l'espace public. Hanane Karimi elle-même n'est pas épargnée et a dû mettre au point des stratégies de contournement lorsqu'elle se déplace : «Je ne regarde plus les gens dans la rue, explique-t-elle. C'est une stratégie que j'ai adoptée inconsciemment, parce que regarder les gens dans la rue était devenu pesant, coûtant, violent. L'un des effets de la discrimination, de l'islamophobie, c'est le repli sur soi.»

Cela fait plus de trente ans que la France est en boucle sur cette histoire de voile. Tout débute en 1989 avec l'affaire dite des «tchadors», lorsque trois collégiennes de Creil refusent d'enlever leur voile en classe, déclenchant l'un des premiers grands débats sur la laïcité. Le Conseil d'État rend alors un arrêt stipulant que le port du voile n'est pas compatible avec la laïcité de la République. Il sera suivi par la circulaire Bayrou de 1994 sur le port des signes religieux à l'école et la loi de 2004 interdisant le port de signes religieux ostensibles dans les écoles publiques. Avant que vous ne vous mettiez à râler, je vous arrête : je ne suis pas défavorable à cette loi. Elle protège des jeunes filles mineures et instaure un principe de neutralité religieuse dans un espace public qui s'appelle l'école publique obligatoire. Simplement, avec Hanane Karimi, je dénonce l'un des effets pervers de cette loi qui a, depuis son adoption, jeté une forme de discrédit sur les femmes portant le voile. «À partir de l'affaire des foulards de Creil, rappelle-t-elle, il y a une mise à l'agenda politique de ce sujet. La circulaire Bayrou est une première étape qui mène à la

Présentes

loi de 2004. De nombreux travaux sociologiques ont montré à quel point cette mise à l'agenda est construite politiquement. Mais la loi de 2004 n'est que le début de quelque chose de nouveau : la volonté d'étendre ce devoir de neutralité à tous les espaces, même à l'espace public.» Rapide rappel des faits : en 2008, une salariée de la crèche privée Baby Loup est licenciée parce qu'elle porte un voile au travail. Elle conteste ce licenciement et bientôt l'affaire Baby Loup enflamme les médias : beaucoup de commentateurs considèrent que le voile n'a pas sa place au sein d'un espace accueillant des enfants. Plus tard, en 2018, le Comité des droits de l'homme de l'ONU a estimé que «le port d'un foulard ne saurait en soi être considéré comme constitutif d'un acte de prosélytisme» et que la justice française n'a pas démontré en quoi «le port d'un foulard par une éducatrice de la crèche porterait une atteinte aux libertés et droits fondamentaux des enfants et des parents la fréquentant». Mais le pli est pris : les médias français se délectent désormais de ces affaires opposant une femme portant le voile à une institution. Et quand la plupart des sujets concernant les droits des femmes sont magistralement ignorés dans les discours politiques, ces histoires de voile religieux entraînent des flots infinis d'éditos et de petites phrases s'insurgeant contre cette «intolérable oppression».

À l'été 2016, c'est l'affaire du «burkini» qui passionne les médias nationaux. Le maire de Cannes interdit par arrêté municipal le port de ce maillot de bain qui

84

Présentes dans la ville

couvre les jambes, les bras et les cheveux sur les plages de sa ville. Son initiative inspire d'autres communes balnéaires, qui invoquent un «risque de trouble à l'ordre public». Passons sur le fait que ce décret, qui ne concerne qu'une infime minorité de personnes, a tout de l'effet d'annonce. Peu de temps après paraissent dans le quotidien britannique *Daily Mail* les photos du contrôle par la police municipale de Nice d'une femme portant un foulard et une tunique sur une plage de la ville. La vacancière apparaît allongée sur la plage tandis que quatre policiers s'approchent d'elle, puis on la voit ôter sa tunique sous leurs yeux. Selon la mairie de Nice, comme elle refusait de se baigner autrement qu'en legging et tunique, elle a reçu une amende[1]. Comment, lorsqu'on est féministe, peut-on rester de glace face à ces images d'une femme dont la tenue vestimentaire est contrôlée par des policiers?

En février 2018, une jeune concurrente du télécrochet «The Voice» sur TF1, Mennel Ibtissem, est contrainte de quitter l'émission sous la pression de milliers de messages haineux sur Twitter, après l'exhumation de posts complotistes publiés sur son compte Facebook après les attentats à Nice et à Saint-Etienne-du-Rouvray, en juillet 2016[2]. Le contenu de ces messages était certes problématique, mais le harcèlement, mené notamment par le groupe laïcard mentionné plus haut, qu'elle a subi

---

1. AFP.
2. «"The Voice" : 4 actes pour comprendre l'affaire Mennel», *Télé Obs*, 12 février 2018.

Présentes

en retour sur les réseaux sociaux était effroyablement disproportionné comparé à ces messages naïfs publiés par une jeune inconnue alors âgée de 22 ans. L'aurait-on harcelée de la sorte si elle n'avait pas porté de voile? J'en doute. Je me souviens qu'à l'époque l'injustice de cette affaire me prenait à la gorge. Lors de sa première prestation à «The Voice», Mennel avait chanté en arabe «Hallelujah», un chant émaillé de références bibliques, écrit par un artiste juif, Leonard Cohen. Et l'on voulait d'un coup faire d'elle un suppôt de l'islam politique? Qui d'elle ou de celles et ceux qui l'ont poussée à se retirer du concours sont des facteurs de division de la société française? «La neutralité demeure bien entendu un principe clé de nos sociétés. On ne peut néanmoins pas déconnecter son usage actuel du contexte de suspicion généralisée envers les musulmans, de l'impact disproportionné de ces restrictions sur les femmes musulmanes et de la dimension structurelle de cette exclusion, qui a un impact sur la manière dont la société perçoit les femmes musulmanes», écrit un collectif de cent femmes musulmanes européennes dans une tribune parue dans *La Libre Belgique* en août 2018[1].

En février 2019, les magasins Decathlon proposent un *hijab* de running pour les femmes musulmanes portant le voile qui souhaitent disposer d'un vêtement capable de leur fournir un certain confort dans leur pratique

---

1. «Les droits des musulmanes font partie des droits des femmes», *La Libre Belgique*, 2 août 2018.

Présentes dans la ville

sportive (un *hijab* est un voile qui couvre les cheveux et laisse voir le visage). Ce produit déclenche une polémique médiatique dont la France a le secret. Pendant plusieurs jours, tout le monde a un avis sur le sujet. Un avis qui se résume souvent à : «Les femmes doivent choisir, soit porter le voile, soit courir.» Sous la pression, le distributeur décide de renoncer à commercialiser ce vêtement «pour assurer l'intégrité et la sécurité de ses équipes…» Sur les réseaux sociaux, l'enseigne écrit : «Notre service client a reçu plus de 500 appels et mails depuis ce matin. Nos équipes dans nos magasins ont été insultées et menacées, parfois physiquement[1].» Quel type de pensée faut-il développer pour s'en prendre aux employé·e·s d'une enseigne sous prétexte qu'elle vend des articles destinées à une catégorie de citoyennes?

En octobre 2019, un élu Rassemblement national du conseil régional de Bourgogne-Franche-Comté agresse publiquement une femme musulmane portant le voile qui accompagne son enfant en sortie scolaire[2]. Les élèves de l'école primaire de Belfort étaient venus assister au fonctionnement d'une institution démocratique dans le cadre d'une opération nommée «Ma République et moi». Belle image de la République que les écoliers ont vue ce jour-là. L'élu invective publiquement la mère d'élève et demande à la présidente, «au nom de nos

---

1. «Decathlon renonce à vendre son "hijab de running", sous la pression des réactions politiques et anonymes», *Le Monde*, 26 février 2019.
2. «Au conseil régional de Bourgogne-Franche-Comté, un responsable du RN agresse une femme voilée», *Le Monde*, 12 octobre 2019.

Présentes

principes laïques», de l'enjoindre «de bien vouloir retirer son voile islamique». La jeune femme est contrainte de quitter l'hémicycle. Et même si on n'est pas femme, même si on n'est pas mère, on ne peut regarder sans avoir mal au ventre cette photo d'elle embrassant son enfant en pleurs avant de sortir de la salle. Cet épisode engendre un énième débat médiatique sur la question du port du foulard par les mères accompagnant leurs enfants lors des sorties scolaires[1].

Alors voilà. Si on résume, une femme musulmane portant le voile ne peut pas accompagner son enfant lors d'une sortie scolaire, ne peut pas faire de jogging, ni aller à la plage ou à la piscine, ni chanter à la télé. Notons que des polémiques concernant des femmes de ménage portant le voile n'éclatent jamais. On reproche à la femme portant le voile d'être visible, pas d'exister! Et encore, je n'ai choisi que les polémiques les plus connues, mais il n'y a pas un jour, en France, sans qu'une femme voilée soit exclue ou humiliée dans l'espace public. La notion de «porosité» de la laïcité proposée par Hanane Karimi me semble alors sauter aux yeux. En partant de l'idée légitime que les institutions françaises doivent être exemptes de toute appartenance religieuse, car «la République assure la liberté de conscience. Elle garantit le libre exercice des cultes» (c'est le texte exact de la loi de 1905 sur la laïcité et il y a de quoi rire quand on voit ce qu'en font ses

---

1. Une possibilité qui figurait dans la circulaire Chatel de 2012, mais qui a été écartée par le Conseil d'État en 2013.

Présentes dans la ville

fervents défenseurs), on arrive à l'idée saugrenue, folle, que les citoyen·ne·s doivent se dépouiller de tous signes d'appartenance religieuse! Et pas n'importe lesquels! Ceux des femmes musulmanes. Le racisme s'exprime là avec autant de force que le sexisme.

Comme le souligne très justement Hanane Karimi, l'obsession française pour le voile a créé un effet pervers ces trente dernières années, la «sur-sacralisation du voile par les religieux». «En plus des législateurs, de ces hommes et femmes politiques qui disent qu'il faut éradiquer le voile, il y a aussi le jeu de leaders religieux qui entre en ligne de compte, explique-t-elle. On a fabriqué une fétichisation du voile. On a fait du voile, comme le dit mon amie Nadia Henni-Moulaï[1], le "sixième pilier de l'islam". Ce qui devait rester un cheminement est devenu un symbole politique qui a complètement échappé aux uns et aux autres. Je fais un pont entre les leaders religieux et les leaders politiques parce qu'ils décident seuls si le voile est prescrit ou non. Chacun selon son référentiel. C'est terrible en termes de contrôle du corps des femmes. C'est un processus de déshumanisation.»

Les femmes musulmanes se retrouvent prises en étau entre deux logiques oppressives: d'un côté, l'injonction «laïque» à une féminité liée à la nudité et, de l'autre, l'injonction religieuse à une féminité qui serait nécessairement voilée. Dans les deux cas, leur libre-arbitre est nié. Le soir

---

1. Journaliste et autrice de *Petit Précis d'islamophobie ordinaire*, Éditions Les points sur les i, 2012.

Présentes

de sa conférence au Carreau du Temple, Hanane Karimi a rappelé une scène atroce au cours de laquelle une jeune femme qui avait perdu sa mère dans les attentats islamistes de Nice du 14 juillet 2016, Hanane Charrihi[1], est venue se recueillir sur la Promenade avec son voile. Elle a été huée et chassée de l'espace de recueillement. Son voile lui ôtait son droit au deuil. Je voulais terminer sur cet exemple-là, car il est un signe évident que, non, les femmes musulmanes ne sont pas libres d'être elles-mêmes dans la ville, y compris et surtout dans une ville en deuil, drapée dans les valeurs de la République.

On a le droit d'être athé·e. On a le droit de penser que la religion est source de discorde et de division. Je vais même vous le dire avec force : on a le droit de dessiner des caricatures se moquant de la religion, de Dieu et de Mahomet. Mais exclure les femmes portant le voile de l'espace public au nom de cet athéisme est une aberration. «C'est tragique la façon dont on assène que le voile, c'est le symbole de la domination tout en renforçant la domination, déplore Hanane Karimi. À tous les niveaux, ces débats autour du voile ont construit des oppressions. Ces femmes ne peuvent plus travailler. En tant que féministe, je sais que l'autonomie financière est centrale ! Comment peut-on revendiquer le droit à l'émancipation des femmes tout en les excluant et en créant les conditions de leur dépendance économique ? »

---

1. Autrice, avec la journaliste Elena Brunet, de *Ma mère patrie. Face aux attentats, restons unis* (Éditions de La Martinière, 2017) dans lequel elle rend hommage à sa mère, Fatima Charrihi, victime de l'attentat de Nice.

Présentes dans la ville

Dans le pire des cas, même si on est absolument convaincu du fait que ces femmes sont tombées sous le joug d'une terrible oppression, la réponse à apporter est-elle de leur barrer l'accès au sport, à l'éducation, à la ville, aux loisirs ? D'ailleurs, si vous réfléchissez deux secondes, vous croyez vraiment que les islamistes ont envie de voir les femmes musulmanes chanter de la pop et faire du jogging ? Si vous avez chevillée au corps la certitude qu'elles subissent sans s'en rendre compte une abominable domination patriarcale, pensez-vous réellement que la solution soit de les confiner dans la sphère privée et conjugale ?

Surtout retenez ceci : les femmes musulmanes n'ont pas besoin qu'on les sauve. «Ne nous libérez pas, on s'en charge» est un slogan que l'on retrouve souvent dans les manifestations féministes intersectionnelles, et il est fondamental de bien comprendre cette phrase pour agir efficacement contre les discriminations racistes et sexistes dans la société. Je vous invite, pour nourrir cette réflexion, à fréquenter les espaces où s'expriment les concernées. Il y a, par exemple, l'association Lallab, fondée en 2016, qui a notamment créé un média en ligne afin de partager des textes et des contenus signés par des femmes musulmanes, ainsi que d'autres ressources médiatiques, signalées en bibliographie[1].

En tant que journaliste, j'essaie de faire bouger les

---

1. Pour en savoir plus : «Porter le voile», podcast *On Hair*, avec la militante Louz ; podcast *Paroles de femmes*, du site Dialna.

Présentes

lignes en mettant en avant les paroles des femmes concernées, comme l'ont fait d'autres journalistes avant moi[1] et comme, je l'espère, d'autres le feront. Car ce qu'il y a de plus révoltant dans ce «débat sur le voile», c'est qu'il a lieu sans les femmes musulmanes, dans des titres de presse où aucune d'entre elles ne tient jamais la plume, sur des plateaux de télé où jamais on ne les invite à venir s'exprimer. Une enquête du service CheckNews du journal *Libération* a démontré que, entre le 11 et le 16 octobre 2019, 85 débats sur le port du voile ont été organisés sur les quatre principales chaînes d'info françaises, mobilisant 286 intervenants. Aucune femme portant le voile n'a participé à ces débats. Zéro. (Tout comme on a vu, pendant les révoltes antiracistes de juin 2020, des plateaux entiers de personnes blanches disserter de la réalité du racisme en France.)

Ces longs débats non mixtes me font penser à des conciles ou encore aux procès de l'Inquisition, lorsque théologiens et chefs religieux se réunissaient pour décider du sort de celles qu'ils qualifiaient de sorcières. S'il y a une chasse aux sorcières qui a lieu en France, c'est bien celle qui se produit chaque jour dans les milieux politiques et médiatiques contre les femmes musulmanes portant le voile. Comme le relève Hanane

---

1. Je vous recommande l'ouvrage *Des voix derrière le voile*, de la journaliste Faïza Zerouala (Premier Parallèle, 2013), ainsi que le très beau dossier réalisé par *La Croix*, en octobre 2019, «Voilées ou non, elles témoignent : "Ni mon père, ni mon frère ne m'ont obligée à le porter"», par Héloïse de Neuville, avec Augustine Passilly et Guillemette de Préval.

Présentes dans la ville

Karimi, la femme musulmane portant le voile est par définition «l'autre», le monstre, celle dont on parle à la troisième personne, celle que l'on dit sans qu'elle se dise elle-même. Son exclusion de l'espace public physique se reflète dans son éviction de l'espace public symbolique : celui de la presse et de l'opinion. D'ailleurs, il est temps pour nous de quitter la ville. Enfin, pas tout à fait : on va s'arrêter sur les gros titres qui barrent les dos des kiosques à journaux, s'offrant jour et nuit aux regards des passant·e·s. On va s'attarder sur le contenu qui défile sur l'écran des téléphones portables vissés à leur main : parlons des médias.

Chapitre 2

Présentes dans les médias

1. Journalistes et militantes

Je suis journaliste et féministe. Et je suis loin d'être la seule. Ces dernières années, en France, de nombreuses figures ont émergé se revendiquant à la fois du journalisme et de l'activisme féministe. Depuis quelques années, les podcasts de journalistes féministes ont essaimé[1], l'association Prenons la une, au sein de laquelle j'ai l'honneur d'œuvrer, a vu ses rangs grossir considérablement[2]. Sur la scène du Carreau du Temple, j'ai reçu deux autres femmes qui se revendiquent d'être à la fois journalistes et militantes : Alice Coffin et Rokhaya Diallo, dont je restituerai une partie des propos dans

---

1. *Quoi de Meuf*, animé par Clémentine Gallot et produit par Nouvelles Écoutes ; *Les Couilles sur la table*, animé par Victoire Tuaillon et produit par Binge Audio ; *Un podcast à soi*, animé par Charlotte Bienaimé et produit par Arte Radio ; *Women Sport Stories*, créé par la journaliste sportive Syra Sylla ; *Sorociné*, animé par Pauline Mallet, sur les femmes dans le cinéma ; *Dans le genre*, de Géraldine Sarratia pour Nova ; *Miroir Miroir*, animé par Jennifer Padjemi et produit par Binge Audio... Pour n'en citer que quelques-uns.
2. Cette association qui regroupe des journalistes féministes est passée de 40 membres, début 2018, à 120, début 2019.

Présentes

les pages qui suivent. Il ne faut pas croire que ce lien entre journalisme et militantisme est une nouveauté dans l'histoire du féminisme. Olympe de Gouges (1748-1793), qui écrivit, pendant la Révolution française, la *Déclaration des droits de la femme et de la citoyenne*, un texte qui réclamait pour la première fois le droit de vote pour les femmes, répandait sa pensée en placardant sur les murs de Paris de grandes affiches («les placards»), qui étaient en quelque sorte les ancêtres des journaux gratuits. Pauvre Olympe, qui finit guillotinée sans savoir que son combat allait mettre cent cinquante-quatre ans à arriver au cerveau du législateur français. Parmi mes héroïnes, il y a aussi Marguerite Durand (1864-1936), reporter convertie au féminisme au détour d'un Congrès féministe international qu'elle devait couvrir pour son employeur d'alors, *Le Figaro*. Elle crée peu après, en 1897, un quotidien, *La Fronde*, entièrement fait par des femmes[1]. Les historiennes considèrent que c'est en partie grâce à elle que l'on s'est habitué à croiser des femmes – les journalistes de sa rédaction venues couvrir l'actualité politique – dans les couloirs de l'Assemblée nationale. Les journalistes de *La Fronde* ont contribué à briser la non-mixité masculine des lieux de pouvoir et ont combattu pour l'éligibilité et le droit de vote pour les femmes. Aux États-Unis, à peu près à la même période, on croise Ida B. Wells (1862-1931), une militante des

---

1. Je vous conseille d'aller visiter la bibliothèque Marguerite-Durand, Paris 13ᵉ, et d'écouter l'épisode de *La Poudre* qui lui est consacré («Épisode Bonus – bibliothèque Marguerite-Durand», diffusé le 2 novembre 2017).

Présentes dans les médias

droits civiques née esclave et devenue l'une des plumes du *Memphis Free Speech and Headlight*. Elle a œuvré à déconstruire le mythe selon lequel les hommes noirs violent les femmes blanches, qui servait à justifier les lynchages de l'époque. Ida était une icône de son vivant, on l'appelait la «Princesse de la presse», mais elle a bien évidemment, depuis, été largement effacée des récits historiques et de la mémoire collective[1]. Plus près de nous, je pense à Gloria Steinem, cette militante qui a créé, en 1971, *Ms.*, premier magazine féministe américain, qui continue d'inspirer des milliers de militantes dans le monde. Mais, avant qu'on creuse cette drôle d'idée de journalisme militant – et que je balaie d'une pichenette vos objections –, je voudrais vous raconter comment je suis devenue journaliste, puis comment je suis devenue militante. Ces deux histoires s'entremêlent.

J'ai décidé vers l'âge de 12 ans que je voulais être journaliste. Il était évident pour moi qu'il s'agissait là du plus beau métier du monde, puisqu'il consistait à pratiquer intensément mes deux activités préférées : lire et écrire. Je n'ai pas grandi en côtoyant assidûment la presse quotidienne – si ce n'est la presse régionale – ou la radio. Au sein de ma classe moyenne provinciale, on vouait un culte aux magazines. Mon père était bijoutier, comme mes grands-parents, et ma mère était cadre dans une

---

1. Je vous invite à consulter la passionnante rubrique «Overlooked», du *New York Times*, consacrée à des nécrologies de femmes oubliées au moment de leur mort. Parmi elles, on trouve l'écrivaine Charlotte Brontë, la mathématicienne Ada Lovelace, la militante transgenre Marsha P. Johnson, et donc Ida B. Wells.

Présentes

grande entreprise, une vraie femme des années 1980, avec le tailleur et la double journée. Ils n'avaient pas fait de hautes études, contrairement aux parents médecins ou profs de mes camarades d'école de l'établissement privé où j'ai été scolarisée, mais c'étaient les parents les plus branchés de la petite ville de province où j'ai grandi. Ils m'ont élevée dans une certaine idée du beau, celui qu'on trouve imprimé sur papier glacé dans les magazines de mode ou de décoration, qu'ils consommaient avec gourmandise. Ils y piochaient les tendances, les livres, les films, les objets et les mots qui faisaient l'époque. Dans ces journaux, que j'ai commencé à feuilleter petite le dimanche dans le jardin de mes grands-parents, on croisait la silhouette de belles femmes très bien habillées, qui avaient l'air d'être pressées et détendues à la fois. Les mannequins en couverture avaient les cheveux courts, des épaulettes, un bébé sous le bras, un gros dossier sous l'autre et une clope à la bouche. Je voulais être de ces femmes, que je voyais comme l'incarnation d'une forme de réussite. Je grandissais à Orléans, géographiquement proche mais symboliquement loin de leur univers. J'ai vite fomenté le plan secret d'imprimer mon nom à l'intérieur de ces magazines. Je voulais littéralement en être.

Sans doute, à cette époque où je lisais des revues féminines, germait en moi une sorte de proto-conscience féministe. Simone de Beauvoir ne traînait pas dans la bibliothèque de mes parents, mais, grâce à ces magazines, mes rêves de petite fille étaient assez ambitieux. Dans ma famille, comme dans ces revues, j'avais pour

Présentes dans les médias

modèles des femmes indépendantes, qui travaillaient et revendiquaient l'affranchissement des conventions familiales d'avant 1968. J'avais aussi deux élégantes grands-mères qui m'aimaient à la folie et me promettaient qu'il m'était possible, à moi, la bonne élève en robe à smocks et aux oreilles décollées, de conquérir le monde. Je me rêvais donc signant les éditos de ces revues que nous passions des heures à commenter «entre femmes». À cette époque, je ne suis qu'une petite fille biberonnée au Club Dorothée, je n'ai pas conscience qu'en tant que petite fille blanche et privilégiée je ressemble déjà à ces femmes et que je peux donc m'identifier à elles.

Ce que je voulais dire pour commencer ce chapitre, c'est que j'aime les médias. J'aime les journaux, j'aime la radio. C'est parce que je rêvais de rejoindre les rangs de celles et ceux qui les font que j'ai accompli le parcours universitaire parfait de la bonne journaliste française. J'ai étudié à Sciences Po Strasbourg, puis au Centre de formation des journalistes à Paris, sans avoir vraiment conscience du privilège que représentait l'accès à ces diplômes. Les années passant, j'ai troqué ma passion pour le papier glacé contre un goût des supports plus «sérieux». J'ai appris à lire religieusement *Le Monde* et *Le Parisien*, et à communier autour de la matinale de France Inter, habitudes qui ne viennent pas de chez mes parents, mais que j'étais fière d'avoir acquises au fil de ma formation. J'ai même mis de côté mes rêves de presse magazine pour me projeter grand reporter au *Monde* ou à l'agence de presse Reuters. J'ai effectué des stages

Présentes

de longue durée au sein de ces deux rédactions, dans lesquelles, avec le recul, je réalise aujourd'hui que j'ai subi un nombre incalculable de violences de genre allant du sexisme bienveillant au harcèlement sexuel. Mais, à l'époque, le mot féminisme est encore un gros mot et je suis loin d'avoir les armes pour comprendre que ce qui m'arrive là n'a rien d'un cas individuel et fait système. Nous y reviendrons largement tout à l'heure.

Et puis, comme prévu ai-je envie de dire, je suis entrée au magazine *Elle*, où j'ai exercé dix ans. J'ai atteint mon Graal d'adolescente en demandant avec acharnement un stage à la rédaction. Je me souviens encore de l'entretien que j'avais fini par décrocher avec l'une des grands reporters du journal. Elle m'a regardé de haut en bas (mes vêtements à la mode, mes cheveux blonds), puis elle a parcouru mon CV, puis elle m'a dit : «Mais tu es programmée pour travailler ici!» Je collais au moule à la perfection.

Au magazine *Elle*, qui est, dans sa version française, un hebdomadaire traitant largement de sujets de société, j'ai occupé tous les postes, de pigiste à rédactrice en chef. J'ai voyagé, interviewé des femmes passionnantes, couvert les défilés de mode, le Festival de Cannes et les élections présidentielles. J'ai connu l'adrénaline des bouclages et de l'actualité «qui tombe». J'ai lancé des projets, créé des sites Web, façonné des rubriques, pris des photos, inventé des mots. J'y ai connu une époque pré-crise de la presse – même si elle commençait à poindre sérieusement, la fin des années 2000, c'était pas

Présentes dans les médias

les Trente Glorieuses non plus – qui m'a permis d'être payée convenablement. J'ai aimé faire ce métier à la folie, il a été pendant des années en tout point parfait pour moi. Je suis infiniment reconnaissante au magazine *Elle* et à toutes les journalistes que j'y ai côtoyées de m'avoir formée. J'y ai connu des femmes qui sont aujourd'hui des amies. C'est un journal qui a accompagné de grands changements pour les femmes françaises, et qui a historiquement affirmé avec force les valeurs féministes, notamment sous la houlette d'Hélène Lazareff, qui l'a fondé en 1945, ou sous celle de Françoise Giroud, qui le dirigea de 1946 à 1952. Mais je crains de devoir vous annoncer que le magazine *Elle*, en 2020, ne peut pas être considéré comme un média féministe.

Ce sont mes lectrices qui m'ont tapé sur l'épaule un beau jour pour me faire remarquer que je contribuais à produire chaque semaine une machine à exclure. Les premières à m'avoir interpellée furent les femmes grosses. J'avais participé cette année-là à un dossier «marronnier» de la presse féminine, le «Spécial rondes», dans lequel, une fois par an, le magazine consent à publier des photos de femmes ne faisant pas une taille 36, mais un franc 42, et distille généreusement des conseils pour s'habiller quand on veut «cacher son petit ventre» ou «mettre en valeur ses fesses généreuses». C'est alors que plusieurs blogueuses «grande taille»[1],

---

1. Parmi elles, Anne Stolbowsky, cofondatrice du site Vive les rondes, et Stéphanie Zwicky, de Big Beauty.

Présentes

comme on les appelait alors, m'ont contactée et m'ont fait remarquer qu'il était irresponsable de présenter comme «rondes» ces femmes absolument médianes. Elles m'ont incitée à réfléchir à la réalité des femmes faisant une taille 50, 52, 54, à leur incapacité à s'habiller «à la mode» compte tenu des tailles proposées dans les grandes enseignes, et à la souffrance de ne jamais se voir représentées dans les médias ou dans l'industrie culturelle. Si le mot grossophie n'était alors pas encore utilisé, elles m'ont fait comprendre que des mécanismes sexistes frappaient certaines femmes plus que d'autres, et m'ont obligée à m'interroger sur les choix de représentations que je faisais. Malgré les protestations d'un directeur artistique hermétique à l'idée qu'on puisse faire une «belle photo» d'un corps gros, j'ai obtenu de publier un second article illustré avec des «vraies» rondes. J'ai eu le sentiment, alors, d'avoir grandi.

La seconde prise de conscience est venue grâce aux militantes afroféministes. Après la parution en 2012 d'un article écrit par une collègue vantant l'élégance de plusieurs femmes noires célèbres, un groupe constitué de blogueuses, de journalistes et de militantes[1] interpelle la rédaction pour signaler des passages racistes. Les réseaux sociaux étaient encore balbutiants à l'époque, mais l'affaire mobilise les forums et la section «Commentaires» de l'article mis en ligne. Dans

---

1. Notamment Danielle Ahanda, du site Afrosomething, et Fatou N'Diaye, du blog Black Beauty Bag.

Présentes dans les médias

un premier temps, la rédaction se braque et refuse de présenter des excuses.

De mon côté, j'observe et je m'interroge. Sans la mobilisation de ces militantes, je n'aurais jamais découvert que j'étais blanche. Cette notion de «blanchité» fait frémir encore une majorité de l'opinion publique, mais elle est fondamentale dans l'évolution du mouvement féministe et antiraciste contemporain. Il ne s'agit pas ici de pointer du doigt de méchants individus forcément oppresseurs parce que blancs. Il s'agit de désigner un système politique, médiatique et culturel dirigé et pensé par une écrasante majorité de personnes blanches, et de penser les conséquences de cette réalité pour les personnes non blanches. Ce concept permet d'inverser le regard et de poser la question de la subjectivité de celui ou de celle qui est dans la position dominante. Il est apparu aux États-Unis, dans les années 1980, d'abord dans le domaine du cinéma[1] et a donné naissance au champ de recherche des *Critical White Studies*. En France, c'est le chercheur Maxime Cervulle[2] qui l'a diffusé. Dans son livre *Dans le blanc des yeux. Diversité, racisme et médias*, il définit ainsi le concept : «L'hégémonie sociale, culturelle et politique blanche à laquelle sont confrontées les minorités ethno-raciales [et] un mode de problématisation des rapports sociaux

---

1. *White. Essays on Race and Culture*, de Richard Dyer, Routledge, 1997.
2. Maxime Cervulle a dirigé mon mémoire de master en études de genre à l'université Paris 8, de 2016 à 2018.

Présentes

de race[1]. » Il se peut que tout cela ne devienne trop théorique à votre goût, alors je vais faire simple : la blanchité, comme le masculin, est un faux neutre. Un point de vue qu'on présuppose objectif alors qu'il est, comme tout point de vue, fait de biais et d'imprégnations culturelles inconscientes.

Pour en revenir à cet article de 2012 et à la rédaction de *Elle*, il y avait une difficulté à admettre que le regard qui se posait sur les femmes noires dans nos pages était, de fait, un regard blanc imbibé d'imaginaire colonial. Il était impossible de faire entendre que le vrai problème, c'était l'absence de femmes noires au sein de la rédaction. Personne ne voyait l'angle mort dont pâtissaient les questions relatives au racisme parmi les journalistes. Les militantes ont tenu. Un bras de fer médiatique s'est engagé, à l'issue duquel le magazine a été contraint de présenter ses excuses et l'article offensant a été supprimé. Cette polémique a finalement incité la direction de la rédaction à offrir à ses salarié·e·s une formation à «l'impensé racial». Je me souviens de cette matinée où toutes les journalistes étaient rassemblées dans l'auditorium. Le formateur est monté sur scène et nous a posé une question simple : combien de femmes noires sont

---

1. Si vous frémissez encore à l'emploi du mot "race" ici, je vous renvoie justement au premier chapitre (p. 23-45) de l'ouvrage de Maxime Cervulle, dans lequel il rappelle combien son emploi médiatique est générateur de tensions : «L'histoire du mot "race" est sans aucun doute une histoire funeste, peuplée de morts violentes ou lentes, de partitions sociales, de relégations», *Dans le blanc des yeux. Diversité, racisme et médias*, p.25, éditions Amsterdam, 2013.

Présentes dans les médias

apparues en couverture du journal au cours des douze derniers mois ? Il y a eu un brouhaha confus, on entendait «trois peut-être»... Il a affiché sur un écran derrière lui les 52 dernières couvertures de *Elle*. Et la réponse a sauté aux yeux : une. Une seule femme noire en couverture sur toute l'année pour l'un des plus anciens, des plus visibles des hebdomadaires français[1]. Ce qui m'a clouée sur place n'était pas tant la criante omniprésence des femmes blanches en couverture du magazine que le fait que jamais je ne m'en sois rendu compte[2]. Je ne voyais pas à quel point le manque était béant. C'est depuis ce jour que j'ai pris l'habitude de compter.

À partir là, j'ai commencé à lire des blogs écrits par des femmes noires et pris conscience d'autres oublis. Dans les pages beauté des magazines, quand on parle de maquillage, de cheveux, on ne cite jamais de produits destinés aux peaux non blanches ou aux cheveux crépus. Le message ne saurait être plus clair : ce journal ne s'adresse pas aux jeunes femmes noires. Adolescente, je pouvais aller aussitôt m'offrir l'après-shampoing vanté par Jennifer Aniston à la page 46 du numéro de la semaine. Cette possibilité n'existe pas pour les femmes noires, dont on ignore les spécificités capillaires dans

---

1. Cette femme, c'était la chanteuse Beyoncé. Comme le dit très bien l'actrice Aïssa Maïga : «Il n'y a que les Américaines qui ont le droit d'être noires en France», *La Poudre*, épisode 30, diffusé le 17 mai 2018.
2. Pour rendre justice au magazine, notons qu'entre janvier 2019 et février 2020 cinq femmes noires ont fait la couverture du journal (dont Beyoncé), ce qui montre une certaine prise de conscience en interne depuis cette époque.

Présentes

cette presse «féminine»[1]. Je vous vois sourire. Je suis désolée de vous annoncer qu'il y a dans ce sourire un brin de condescendance sexiste, peut-être même un jugement de classe. Je soutiens que pouvoir rêver d'avoir les mêmes cheveux que les filles dans les magazines est un droit important pour les femmes – celles qui le souhaitent, évidemment, car le droit de se foutre de sa coiffure, de porter ses cheveux courts ou masqués sous un tissu est tout aussi fondamental, mais je suis sûre qu'à ce stade vous m'avez comprise de ce côté-là.

Cette histoire de shampooing m'a, de fil en aiguille, conduite à lire les livres de grandes militantes du *black féminism* américain : Angela Davis, Audre Lorde, bell hooks. J'ai lu ces théoriciennes féministes avant de lire Judith Butler et Monique Wittig, auxquelles elles ont fini par me conduire. Car lorsqu'on commence à tirer le fil du féminisme on ne peut plus s'arrêter de dérouler, et on finit vite par rencontrer tout le monde. Je serai éternellement reconnaissante aux militantes qui m'ont alertée alors, ont déployé du temps et de l'énergie pour partager

---

1. Les femmes noires pourtant l'achètent, le lisent et fantasment sur les images de papier glacé comme je l'ai fait adolescente ! Et cela, je le sais, car des années plus tard, en 2016, au moment où je lançais mon podcast, j'ai fait un master en études de genre à Paris 8 et ai consacré mon mémoire de M2 à la lecture des magazines féminins par des jeunes femmes féministes racisées. Mon travail de recherche a consisté en des entretiens avec huit d'entre elles : toutes ou presque avaient été lectrices de cette presse, toutes ou presque avaient souffert de l'absence de représentation dans ses pages et construit leur militantisme notamment par réaction à ces médias qui proposaient une vision du féminisme qui ne correspondait ni à leurs vécus, ni à leurs cultures, ni à leurs priorités.

106

Présentes dans les médias

leurs références. J'ai une admiration infinie pour ces femmes qui œuvrent au quotidien pour interpeller les médias et souligner leurs manquements. Ce travail est gratuit, épuisant, ingrat. Mais parfois ça paie, parfois leurs discours appuient sur un bouton, enclenche un processus dans le cerveau d'une jeune journaliste qui l'amène un beau jour à écrire ce livre.

Vous entendez ce bruit? Ce sont des dents qui grincent. Les vôtres peut-être. Enfin, voyons, non! Un·e journaliste se doit d'être neutre, non partisan·e. Un journalisme rigoureux doit être énoncé d'un point de vue impartial! Pourtant, ce sont des hommes et des femmes qui font du journalisme. Ils et elles parlent depuis un certain vécu, un certain point de vue sur la société. Ils et elles ont leurs intérêts économiques, une vision de la famille, de la morale. Ils et elles baignent dans un certain milieu, dans une certaine culture, ce qui crée des angles morts. De fait, depuis le temps qu'ils et elles existent, les journalistes tendent à se regrouper par affinités. Il n'a échappé à personne que les plumes du *Figaro* n'ont pas tout à fait le même point de vue sur les gilets jaunes que celles de *L'Humanité*. Ce qui n'empêche pas ces journalistes d'exercer leur métier avec déontologie, de citer rigoureusement et de recouper leurs sources, de vérifier les faits, de délivrer des données et des chiffres exacts. Écrire un article, c'est toujours, d'emblée, faire des choix. C'est décider de parler d'une chose plutôt que d'une autre. C'est un point de vue.

À ce sujet, l'analyse de la théoricienne féministe

Présentes

américaine Sandra Harding m'a beaucoup éclairée. Dans un article intitulé « Rethinking Standpoint Epistemology : What is "Strong Objectivity ?" », elle propose de s'interroger sur la notion de vérité scientifique. Elle souligne que tout chercheur en sciences sociales va inévitablement poser ses « empreintes digitales » partout sur son sujet de recherche. Et qu'ainsi il n'y a rien de moins objectif que de vouloir qualifier de « neutres » ces résultats de recherche fortement « situés ». La seule façon de s'assurer d'une forte objectivité, dit Sandra Harding, c'est non seulement de poser clairement le point de vue depuis lequel on parle, mais c'est aussi de rendre visible le point de vue des personnes les plus « dominées » de la société. Elles sont les seules à avoir un panorama global de l'ensemble des oppressions qui s'y exercent. « On voit mieux depuis les places du fond », dit Sandra Harding dans cet article que je vous recommande chaudement[1]. Une personne qui fait le ménage dans une entreprise, bien que généralement considérée par la société comme « moins sachante », en voit et en sait bien plus sur le fonctionnement réel des bureaux qu'elle nettoie chaque jour dans les moindres recoins que le PDG de l'entreprise qui n'en connaît que l'ascenseur sentant le propre à 8 heures du matin et la moquette épaisse de son propre bureau. Pourtant, c'est le point de vue de ce chef d'entreprise qui est considéré comme valable.

---

1. « Rethinking Standpoint Epistemology : What is "Strong Objectivity ?" », Sandra Harding, *The Centennial Review*, vol. 36, n° 3 (FALL 1992), p. 437-470.

Présentes dans les médias

À lui la crédibilité, l'objectivité, la vérité. À la femme de ménage, ben, le silence. Si sa parole s'élève, elle devient «revendication» ou «protestation». Ce que je retiens de la lecture de Harding, et que j'essaie d'appliquer à ma pratique journalistique, c'est qu'il est illusoire de courir après la neutralité, mais qu'on peut s'assurer une «forte objectivité». En commençant par dire d'où l'on parle et en n'oubliant pas de tendre le micro vers moins audible que soi.

Je suis devenue féministe parce que j'étais journaliste. Je suis devenue féministe parce que j'aime ce métier et parce que j'ai chevillée au corps la certitude de sa responsabilité sociale. Je veux qu'il soit effectué avec rigueur et justesse. Mais tout le monde ne l'entend pas de cette oreille. Comme le soulignait Rokhaya Diallo sur la scène du Carreau du Temple : «Quand on parle de moi comme d'une militante, c'est pour disqualifier le travail que je produis. Il y a quelque chose de très réducteur, parce que militante, ce n'est pas un métier. Souvent, dans les débats auxquels je participe, j'ai face à moi des gens qui sont très engagés de l'autre bord politique, et qui ne sont absolument pas qualifiés de militants, ils sont chroniqueurs, éditorialistes, intellectuels. C'est comme si je ne produisais pas de pensée, d'analyse. Dans l'idée du militantisme, il y a cette idée selon laquelle ce qui est dit vient des tripes, qu'il n'y a pas de travail, que c'est un peu irrationnel d'une certaine manière, qu'il n'y a pas de construction.»

Cette suspicion de «militantisme» rejaillit souvent

Présentes

sur les femmes journalistes qui sont plus volontiers supposées manquer de neutralité en comparaison de leurs collègues masculins. Alice Coffin, cofondatrice de l'Association des journalistes LGBT, journaliste et militante, en a fait les frais : « Quand j'étais journaliste à *20 Minutes*, il y a eu un moment où je n'ai plus eu le droit d'écrire des articles qui parlaient de féminisme, ou de tout sujet ayant trait à l'homosexualité, parce que j'étais lesbienne. Parce que j'aurais été de parti pris. J'aurais été biaisée. Il y a donc certaines personnes qui sont légitimes, qui ont le droit de raconter certaines histoires, et d'autres non. » Une journaliste veut parler des différences de salaire entre les hommes et les femmes dans les pages économie de son journal ? Il y aura toujours un rédac chef pour répondre qu'elle ne peut pas faire un bon article sur le sujet, parce qu'elle est trop concernée. Étonnante réflexion. En quoi l'homme mieux payé que les femmes est-il moins concerné par le sujet ? En quoi son point de vue sur la question sera-t-il moins susceptible de chercher à faire pencher la balance en sa faveur ? C'est peut-être à cause de cet argumentaire que les femmes journalistes sont surreprésentées aux sections culture ou loisirs des journaux et bien plus rares dans les rubriques politique et économie[1]. Résultat,

---

1. Comme je n'avais pas de chiffres sous la main, je suis allée compter combien de femmes journalistes étaient aujourd'hui à la tête des rubriques économie et politique des principaux médias français. Dans le cas des chefs de service politique : 5 médias ont une femme à leur tête sur 14 médias analysés (*Libération*, *Le Figaro*, *La Croix*, *Le Parisien*, *L'Obs*, *L'Express*, *Le Point*, BFM, LCI, France Info, France Inter, RTL, RMC, HuffPost). Dans le cas des chefs de

Présentes dans les médias

depuis la naissance de la presse, l'actualité politique est couverte par des hommes qui commencent le portrait d'une femme politique par la description de sa tenue et de sa coupe de cheveux. Résultat, les sujets importants concernant les droits économiques et la santé des femmes sont ignorés.

Peu après avoir quitté le magazine *Elle*, je suis entrée à la télévision, comme chroniqueuse au *Grand Journal* de Canal Plus. Vous croyez que je passe du coq à l'âne, mais pas du tout. Car c'est le fait d'observer de l'intérieur la façon dont on fait la télé qui a achevé de me convaincre qu'il fallait tout changer. En gros, tous les soirs, ce qu'on me demandait, c'était de «pétiller». Il fallait que je sois «fraîche», que je traite de sujets «light», pendant que mes deux cochroniqueurs s'emparaient des sujets culturels et politiques. D'un seul coup, des personnes avaient une emprise sur mon apparence, on me suggérait quoi porter, quelle coiffure adopter, comment parler. Moi qui venais de passer dix ans dans une rédaction remplie de femmes je suis vraiment tombée des nues lorsque, pour la première fois, un homme m'a suggéré de «me servir de mes atouts» en faisant clairement allusion à mes seins. Et puis, au fil des jours, quelque chose a commencé à m'interpeller : tous les soirs se succédaient dans l'émission, en flot ininterrompu, les invités masculins. Enfin, j'ai pu

---

service économie : 4 femmes sur 11 médias analysés (*Le Monde, Le Figaro, La Croix, Le Parisien, L'Obs, L'Express, Le Point,* LCI, France Inter, Europe 1, RTL), le 29 janvier 2020.

observer de très près deux phénomènes qui entravent le déploiement de la parole des femmes sur les plateaux de télévision : le *mansplaining* et le *manterrupting*.

Pour vous la faire courte, le *mansplaining* (mot résultant de la contraction de *man* et *explaining*, donc littéralement : explication par un homme) est un biais qui consiste en la reformulation des paroles de son interlocutrice ou en l'étalage de connaissances par un homme face à une femme qui est une experte du sujet. Il a été popularisé par la journaliste américaine Rebecca Solnit[1]. Dans son brillant essai *Ces hommes qui m'expliquent la vie*, elle écrit : «Chaque femme sait de quoi je parle. De cette présomption qui rend les choses difficiles parfois, pour toute femme, dans n'importe quel domaine; de cette routine qui les empêche de parler et d'être entendues quand elles osent; qui écrase les jeunes femmes dans leur silence en indiquant, comme le harcèlement dans la rue, que ce n'est pas leur monde. Qui entraîne le doute de soi et l'autolimitation, et qui entretient l'excessive et insupportable confiance des hommes.»

Si vous saviez combien d'hommes, en cinq ans de militantisme, sont venus me trouver après des

---

1. En 2008, Rebecca Solnit publie dans le *Los Angeles Times* un article racontant la fois où un homme lui a expliqué le propos d'un ouvrage dont elle était l'autrice sans lui laisser l'occasion d'expliquer que c'était elle qui l'avait écrit. Elle n'utilise pas l'expression, mais les premières occurrences du mot *mansplaining* apparaissent peu après sur la Toile, alors que de nombreuses femmes reconnaissent cette situation comme leur étant familière. Consciente *a posteriori* de son importance, elle se l'appropriera lors de la publication de son essai *Men Explain Things To Me*, traduit en français par *Ces hommes qui m'expliquent la vie*, Éditions de L'Olivier, 2018.

Présentes dans les médias

conférences, ou lors de soirées, pour m'expliquer comment les féministes devraient faire pour être écoutées et voir leur combat triompher. Parce qu'on les a éduqués, depuis qu'ils sont petits, à occuper l'espace, à parler plus haut, à exister plus fort, les hommes semblent moins hésiter que les femmes à investir l'espace symbolique qu'est celui de la parole. Si vous saviez comme il est flagrant, lorsque je donne des formations dans des écoles, ou que j'organise des rencontres publiques, de constater que les prises de parole masculines sont plus longues, plus étalées que celles des femmes. Désormais, comme dans certains cercles militants, j'ai fait le choix de donner en priorité la parole aux femmes, et particulièrement aux femmes concernées par le thème de la rencontre. Et cela change tout. Les remarques émanant du public sont passionnantes quand on s'épargne la demi-heure consacrée à répondre à des questions gênantes. Cette expérience confirme ce que l'essayiste britannique Mary Beard propose dans son important essai intitulé *Les Femmes et le pouvoir* pour revaloriser la parole des femmes : il faut modifier la structure. Elle écrit : « Il n'est pas aisé d'adapter les femmes à une structure que l'on a par avance bâtie sur des codes masculins ; c'est la structure qu'il faut changer. Cela suppose de penser autrement le pouvoir. Cela suppose de le dissocier du prestige public. Cela suppose de réfléchir en commun au pouvoir de ceux qui suivent, et pas seulement de ceux qui dirigent. Cela suppose surtout de penser le pouvoir en tant qu'attribut, ou même en tant que verbe, et non en

Présentes

tant que possession. Ce que j'ai à l'esprit, c'est l'aptitude à être efficaces [...] et le droit d'être prises au sérieux, ensemble aussi bien qu'individuellement. C'est de ce pouvoir-là que beaucoup de femmes se sentent dépourvues – c'est de lui qu'elles veulent se saisir[1].»

Le *manterrupting* (contraction des mots *man* et *interrupting*) a, quant à lui, trait à l'interruption du discours des femmes par un ou des hommes présents, tout particulièrement sur les plateaux de télévision. C'est une autre journaliste féministe américaine, Jessica Bennett[2], qui l'a popularisé. Elle a établi en septembre 2016 un décompte des diverses interruptions de parole lors du premier débat présidentiel entre Donald Trump et Hillary Clinton. Le résultat : 40 interruptions de Clinton par Trump, contre une seule de Trump par Clinton. En France, un décompte identique est effectué lors du troisième débat télévisé de la primaire française de la droite et du centre : Nathalie Kosciusko-Morizet, seule femme en lice, a été interrompue 27 fois contre 9 à 12 fois pour ses concurrents masculins. Coutumière de ce phénomène, Rokhaya Diallo a monté une vidéo hilarante dans laquelle on voit des femmes, dont Nathalie Kosciusko-Morizet, être systématiquement interrompues lors de prises de parole sur les plateaux de télévision[3].

---

1. *Les Femmes et le pouvoir*, Mary Beard, Perrin, 2018.
2. *Le Fight Club féministe. Manuel de survie en milieu sexiste*, Jessica Bennett, Autrement, 2016.
3. «Qu'est-ce que le manterrupting ? What is manterrupting ?», Rokhaya Diallo, YouTube.

Présentes dans les médias

Ces deux notions de *mansplaining* et de *manster-rupting* sont polémiques et souvent décriées (par des hommes) sur les réseaux sociaux. Et il est vrai qu'elles peuvent sembler réductrices et blessantes pour ceux qui savent être à l'écoute, ils existent, j'en connais (un ou deux). Certaines intellectuelles ou femmes politiques ont la capacité de produire des discours qui maintiennent cois les hommes qui les écoutent. Elles existent aussi. Alors je vais préciser : pas tous les hommes (mais beaucoup). Pas toutes les femmes (mais la plupart). L'idée est de pointer une tendance de la société qui rend difficile la prise de parole par les femmes. Si ces deux mots rencontrent une telle adhésion chez elles, je vous assure qu'il y a une raison à cela. S'exprimer en tant que femme dans l'espace public, et particulièrement dans l'espace médiatique, est un défi qui demande des trésors de force et de stratégie, et s'avère, sur le long terme, épuisant et décourageant.

Moi, en tout cas, vouloir parler à la télévision m'a épuisée. Chaque fois que j'ouvrais la bouche (et, on ne va pas se mentir, je l'ouvrais très peu), il y avait toujours un homme pour relever une erreur de prononciation, faire un commentaire sur ma thématique, voire sur ma tenue. Cela m'a mis la puce à l'oreille. Est-ce que cela m'arrivait parce que j'étais débutante ? Pas assez sûre de moi ? Mal préparée ? L'une des conséquences du *mantrerrup-ting*, c'est que la femme interrompue aura tendance à se remettre en question, à perdre confiance en elle et, au final, à se taire. Pratique. Ou est-ce que cela avait quelque

115

Présentes

chose à voir avec mon genre ? Dans le doute, j'ai compté. Très vite, j'ai réalisé que sur dix invités qui passaient chaque semaine sur le plateau de l'émission, il y avait en moyenne deux ou trois femmes, pas plus. Je me suis mise à calculer les temps de parole – le mien, certains soirs, se réduisait à deux secondes, le temps de prononcer mon «bonjour» de début d'émission. Je vous jure. C'était dur, vous savez ! –, mais aussi celui des autres invitées femmes. Les femmes politiques ou artistes bénéficiaient systématiquement d'un temps de parole moins long que leurs homologues masculins ! Cela tenait souvent à l'entrée tonitruante, au beau milieu d'une de leurs phrases, d'un humoriste vaguement drôle qui lançait une blague sur le physique ou la vie sexuelle réelle ou supposée de l'invitée. Vous croyez que j'exagère, mais c'était aussi triste que ça, peut-être même pire.

Cela m'a donné envie de rejoindre l'association de journalistes Prenons la une, fondée un an plus tôt par deux journalistes économiques, Léa Lejeune et Claire Alet, qui avaient pour l'occasion publié une tribune dans *Libération*[1]. C'est là que j'ai lu pour la première fois les chiffres officiels de la présence des femmes dans

---

1. Fondée en mars 2014 par les journalistes Claire Alet et Léa Lejeune, Prenons la une est une association de femmes journalistes engagée pour une juste représentation des femmes dans les médias et pour l'égalité professionnelle dans les rédactions. J'en ai été porte-parole entre 2017 et 2018 et je siège aujourd'hui au sein de son conseil d'administration. Son histoire commence le 2 mars 2014, lors de la publication d'un manifeste fondateur dans le quotidien *Libération*, «Femmes à la une», qui a recueilli plus de 800 signatures. Depuis, elle ne cesse de prendre de l'ampleur : en avril dernier, l'association organisait les premiers états généraux des femmes journalistes, réunissant

Présentes dans les médias

les médias : plus de sept directeurs de rédaction sur dix sont des hommes, et les femmes ne représentent que 18 % des experts interrogés dans les émissions de débat et les colonnes des journaux[1]. C'est là que j'ai compris que l'homogénéité des rédactions favorise un entre-soi qui contamine les contenus des médias eux-mêmes. Le premier réflexe est d'appeler d'abord le copain, l'ancien camarade de promo, celui dont on a le numéro. Des rédactions dirigées par des hommes entraînent des rédactions composées d'hommes qui interviewent en priorité des hommes. Et, vous vous en doutez, des rédactions constituées de personnes blanches invitent en priorité des personnes blanches à intervenir. La vague de révolte antiraciste de juin 2020 aux États-Unis a entraîné un certain nombre de démissions au sein des médias américains, car les rédacteur·rice·s en chef blanc·he·s étaient interpelé·e·s par les militant·e·s sur leur incapacité à voir et à couvrir le racisme systémique dans leurs pages. Le lien entre ceux qui font les médias et ceux qui sont dans les médias est de plus en plus limpide.

Il est aussi amusant de constater que lorsqu'on nomme une femme à la tête d'un média, comme cela a été le cas au *Monde*, par exemple, on la colle souvent «en binôme» avec un homme[2]. À ce sujet, la politologue

---

ainsi plus de 350 personnes afin d'échanger et avancer des propositions concrètes pour changer le paysage médiatique français.

1. Manifeste «Femmes à la une», *Libération*, 2 mars 2014.
2. En mars 2013, Natalie Nougayrède est nommée à la direction du *Monde* en tandem avec Louis Dreyfus, président du directoire du quotidien.

Présentes

Réjane Senac emploie l'expression hilarante «un papa, une maman» et souligne que ce geste illustre parfaitement la façon dont l'inclusion sociale des personnes appartenant à des groupes dits «minoritaires» est conditionnée par les raisons qui justifiaient jadis leur exclusion. Dans le cas des femmes, on va les embaucher afin qu'elles insufflent à l'entreprise des qualités traditionnellement attribuées au genre féminin : l'écoute, la douceur, une capacité supérieure pour la médiation… On attend d'elles une autorité «complémentaire», incompatible avec un véritable accès au pouvoir[1]. Quoi qu'il en soit, c'est fou comme la présence d'une femme à la tête d'un média peut changer les choses, et vite. La nomination de Géraldine Catalano à la rédaction en chef de *L'Équipe Magazine* a permis de faire émerger de nouvelles plumes féminines, et de mettre en avant les femmes sportives de haut niveau qui étaient jusqu'ici très largement invisibilisées dans les pages de l'hebdomadaire. En trois ans à la tête de France Télévisions, Delphine Ernotte a fait passer le nombre d'expertes à l'antenne de 20 % en 2015 à 41 % en 2018 grâce à une politique volontariste[2] sur laquelle je reviendrai dans le dernier chapitre.

---

1. «La persistance de leur association au spécifique exprime et produit une bicatégorisation où le propre des femmes est d'être particulières, ce qui est plus un défaut qu'une qualité pour être reconnu·e comme un·e citoyen·ne à part entière doué·e de la puissance politique de compréhension et d'incarnation du général, de l'abstrait», extrait de *L'Égalité sans condition. Osons nous imaginer et être semblables*, Réjane Sénac, Rue de l'Échiquier, 2019.
2. Delphine Ernotte lors des Assises de la parité et de la diversité au cinéma, AFP, novembre 2019.

Présentes dans les médias

Une parenthèse ici : il est très difficile de faire venir des femmes expertes à la télévision. Je l'ai constaté bien souvent en préparant mon émission «Les Savantes» : il est révélateur de voir le nombre de femmes expertes qui préfèrent nous rediriger vers un·e collègue. Il faut les convaincre de venir, parfois le soir, sur un plateau de télé, alors qu'elles sont, plus souvent que leurs homologues masculins, accablées par la charge domestique. Elles sont moins bien payées, donc moins susceptibles d'accomplir un travail «d'image» gratuit. Sans parler du fait que le manque de pratique leur donne une impression d'illégitimité. C'est pour cela que le groupe Egaé (fondé par Caroline de Haas) et Prenons la une mettent en place des formations aux médias conçues pour les expertes, afin de les aider à dépasser ce syndrome de l'impostrice qui frappe même les plus brillantes d'entre elles[1].

J'ai donc décidé, en 2015, de rejoindre les rangs de Prenons la une, ce qui m'a permis de me munir d'une loupe encore plus puissante pour observer les médias français. Et ma colère est montée d'un cran. Que d'inepties. Que de sexisme. Dans tous les journaux, à chaque page, se répandent les stéréotypes de genre, la culture du viol, la lesbophobie et le racisme. Quand on se met à pointer et à nommer les choses, l'ampleur du désastre a de quoi décourager. On objectifie sans cesse les femmes, on les réduit à leur physique, on viole leur intimité, on

---

1. Voir le site Expertes, onglet «Médiatraining».

moque leur âge, leurs vêtements, leur poids. On les désigne d'un prénom, même si elles sont ministres. Qu'elles soient chercheuses, activistes ou artistes, on commente systématiquement leur vie privée, leur famille, leur sexualité. En militant au sein de Prenons la une, j'ai mis des chiffres sur mes intuitions et vu se matérialiser un monde baigné d'inégalités. Dans le milieu des médias, les femmes sont volontiers précarisées (elles représentent 53 % des pigistes[1] et seulement 45,2 % des journalistes en contrat à durée indéterminée), sous-payées (en moyenne 12 % de moins que leurs pairs masculins[2]), mais aussi agressées sexuellement.

L'équivalent français de #MeToo, #Balancetonporc, a été lancé par une femme journaliste, Sandra Muller. À quel prix. Aux États-Unis, Sandra Muller figure parmi les personnalités de l'année 2017 du magazine *Time*, qui a choisi de mettre à l'honneur les «Silence Breakers» («briseurs de silence»). En France, elle a été condamnée en septembre 2019 à une amende de 15 000 euros pour diffamation[3]. Les femmes journalistes ont d'ailleurs été

---

1. Espace data de l'outil «Profession journaliste : le portrait statistique» de l'Observatoire des métiers de la presse, 2018.
2. À poste équivalent, selon les chiffres de la Commission de la carte d'identité des journalistes professionnels.
3. Sandra Muller a dénoncé dans un tweet un outrage sexiste qui lui avait été adressé par le rédacteur en chef d'une chaîne de télévision. En septembre 2019, elle a été condamnée pour diffamation à une amende de 15 000 euros à la suite de la plainte de ce dernier. Bien qu'il ait reconnu les faits, les juges ont estimé qu'il ne s'agissait pas de harcèlement au travail. Dans une tribune parue suite au procès, un collectif de féministes écrit : «Quel message cette décision envoie-t-elle aux millions de femmes en France et dans le monde qui subissent le sexisme et les violences sexuelles ? "Taisez-

Présentes dans les médias

précurseuses du mouvement #MeToo avec la constitution, en 2015, d'un collectif de femmes journalistes politiques nommé Bas les pattes[1] qui dénonçait le sexisme subi au quotidien dans leur profession. Il n'est pas anodin que l'une des rares plaintes «médiatiques» déposées en France l'ait été par Astrid de Villaines, journaliste à La Chaîne parlementaire (LCP), contre un journaliste vedette de la même chaîne qu'elle accuse d'agression sexuelle. Celui-ci, après une courte suspension, réintègre la rédaction en décembre 2017. Insérer ici un long soupir exaspéré. Enfin, pendant l'année 2019, l'affaire dite de la «Ligue du Lol» (un groupe Facebook) a révélé le harcèlement que subissaient une quinzaine de femmes journalistes, souvent spécialistes des questions féministes, sur le Twitter francophone entre 2009 et 2012[2]. La prise de parole des victimes de la Ligue du Lol, sous forme de témoignages mettant des mots sur le trauma du harcèlement sexiste[3], a eu un effet

---

vous", "Vous avez raison d'avoir peur"? Nous voulons dire ici : "Nous ne nous tairons pas." Nous voulons dire à toutes les autres : "Nous vous croyons, nous sommes à vos côtés" (Franceinfo, 26 septembre 2019).

1. «Ni naïves ni caricaturales, nous savons que notre métier implique de construire une proximité et un lien de confiance avec nos sources. Mais force est de constater que nous ne le faisons pas tout à fait comme nos camarades masculins, intégrant les contraintes du sexisme ambiant : pas de tête-à-tête ou le moins possible, des tenues passe-partout et une vigilance permanente pour conserver le vouvoiement afin de maintenir ainsi la bonne distance entre un journaliste et son sujet», écrivent-elles dans une tribune publiée dans *Libération*, 4 mai 2015.

2. Lire le témoignage d'Iris Gaudin, l'une des victimes : *Face à la Ligue du Lol. Harcèlement et sexisme dans les médias*, Massot Éditions, 2020.

3. «Dans un contexte économique difficile, alors que j'avais encore des progrès professionnels à faire, cela a joué contre l'obtention de mon CDI», raconte

Présentes

déclencheur et permis à d'autres femmes journalistes, dans d'autres rédactions, de révéler le sexisme, le harcèlement moral ou sexuel qu'elles avaient subis. Cela a été le cas par exemple au *Huffington Post*, rédaction au sein de laquelle existait un groupe virtuel de conversation masculin élégamment baptisé «Radio Bière Foot» où s'échangeaient des insultes sexistes. Des faits similaires ont été mis au jour à Vice Media et des plaintes déposées au sein des rédactions du *Monde,* de RMC ou encore d'Europe 1. Si les journalistes sont en première ligne dans ce combat, c'est parce qu'elles ont, du fait de leur métier, un meilleur accès aux outils de communication, et aussi sans doute une meilleure connaissance des enjeux.

Reste que, dans les rédactions des journaux, les femmes sont physiquement, numériquement et économiquement dominées. Selon une enquête menée en mars 2019 par le collectif féministe Nous Toutes, le Tumblr Paye ton journal et l'association Prenons la une, sur 1 837 journalistes et étudiant·e·s en journalisme interrogé·e·s, panel constitué à 80 % de femmes, 1 500 déclarent avoir été victimes ou témoins d'au moins un agissement sexiste dans le cadre de leur travail. Parmi elles, 199 personnes victimes d'agression sexuelle ont

---

Léa Lejeune, l'une des victimes, journaliste économique et cofondatrice de l'association Prenons la une. «À un moment, j'en suis arrivée à un stade où je me détestais, témoigne Capucine Piot, journaliste beauté et l'une des cibles de la Ligue. J'ai eu des idées sombres. À force de lire des saletés sur moi partout sur les réseaux, j'ai été convaincue que je ne valais rien.»

Présentes dans les médias

témoigné (dont 188 femmes) et 2 viols ayant eu lieu dans le cadre du travail ont été rapportés. Ce ne sont pas des cas isolés : 208 rédactions ont été citées. Le problème est systémique.

2. Le long monologue du mâle blanc

C'est donc ce milieu majoritairement masculin où règnent le sexisme et les violences de genre qui est en charge de couvrir cette prise de parole sur les violences sexistes et sexuelles dans la société. Vous me voyez venir. La France a été championne du monde du traitement à côté de la plaque de la déferlante #MeToo[1], laquelle est constituée, faut-il le rappeler, de plusieurs millions de témoignages, partout dans le monde, de femmes ayant été violées ou agressées sexuellement. Mais là où les médias étrangers semblent prendre conscience du quotidien des femmes évoluant dans une société dominée par la culture du viol, les médias français préfèrent se préoccuper du bien-être de ces messieurs.

Il m'est impossible de faire la liste de toutes les réactions ineptes ayant émaillé la presse quotidienne et les matinales de radio après la première vague de témoignages, à l'automne 2017. Ici un chroniqueur se

---

1. En trois mois, ce sont trois millions de tweets comportant le hashtag #MeToo qui ont été publiés sur Twitter. Chaque semaine, d'octobre à janvier 2017, plus de 38 000 tweets ont fait référence au harcèlement sexuel. En un an, le hashtag #BalanceTonPorc en a comptabilisé 930 000 et #MeToo, 17,2 millions.

Présentes

demandant si on n'est pas en train d'encourager la déla-
tion[1], là un animateur de télévision évoquant la «détresse»
des hommes accusés de harcèlement sur Twitter[2]. L'hebdomadaire culturel *Les Inrocks* décide, la semaine suivant
l'émergence du hashtag, de mettre en une un musicien
qui fait alors son come-back, Bertrand Cantat, reconnu
coupable du meurtre à coups de poing de sa compagne
Marie Trintignant en 2003. Quel choix délicat, quand
on sait que les féminicides sont globalement occultés
par les médias, que de mettre l'un de ces plus célèbres
auteurs en une ! Mais comment s'en étonner : la rédaction en chef est alors à 100 % masculine et les protestations des femmes journalistes en interne (je le sais, car
elles me l'ont raconté) ont été balayées d'un revers de
main par ces chefs sûrs de leur «coup». Et je vous passe
la une du magazine *Causeur*, qui titre en novembre 2017 :
«Harcèlement féministe : arrêter la chasse à l'homme».
Je pourrais continuer à citer des exemples du mépris
avec lequel les médias français ont traité #MeToo
pendant des heures, car le festival n'a pas cessé et se
poursuit encore. En mai 2018, sur la chaîne d'information CNews, un chroniqueur affirme : «Quand on va, le
soir, dans une chambre d'hôtel, convoquée par un type
comme Harvey Weinstein en peignoir, on sait très bien
pourquoi il vous convoque[3].» À la même période, sur

---

1. Chronique «Balance ton porc à la justice», Raphaël Enthoven, Europe 1,
   16 octobre 2017.
2. «C à vous», Patrick Cohen, France 5, 17 octobre 2017.
3. «Les Terriens du dimanche», Frantz-Olivier Giesbert, 27 mai 2018.

Présentes dans les médias

France Inter, un journaliste culturel réagit à la révélation du viol de l'actrice Maria Schneider sur le tournage du *Dernier Tango à Paris* par ces mots : «Est-ce que ce n'est pas le prix à payer pour les chefs-d'œuvre[1] ?» Pour le premier anniversaire du mouvement, c'est un feu d'artifice : *L'Express* s'interroge en une : «#MeToo est-il une révolution sexuelle ou un nouveau totalitarisme ?», tandis que *L'Obs* consacre un dossier de 12 pages à la crise de la masculinité avec un dossier intitulé «Les hommes après #MeToo». On constate aussi que, lorsque des figures françaises du monde de la politique ou du cinéma font l'objet d'accusations publiques[2], les médias ne reprennent pas l'affaire et choisissent souvent de regarder ailleurs[3].

Heureusement, il y a des journalistes qui font le travail, je pense notamment à Marine Turchi, de Mediapart, qui a réussi à sortir un travail comparable à celui mené par le *New York Times* autour des plaintes contre Harvey Weinstein. Le 3 novembre 2019, elle publie une enquête fleuve dévoilant la façon dont l'actrice Adèle Haenel a été victime de «harcèlement sexuel» et d'«attouchements» par le réalisateur[4] d'un film dont elle était l'actrice principale après la sortie du film *Les Diables*, en 2002. Elle a alors 12 ans. Poussée à briser le silence par la découverte du nouveau projet de film du réalisateur mettant en

---

1. «Le Masque et la Plume», Éric Neuhof, 9 septembre 2018.
2. Gérald Darmanin, Nicolas Hulot, Gérard Depardieu, Luc Besson, etc.
3. Pour plus de détails : «Comment les médias français couvrent #MeToo», Marine Turchi, Mediapart, 22 octobre 2018.
4. Christophe Ruggia.

Présentes

scène des enfants du même âge, Adèle Haenel explique sur Mediapart : «Je voudrais contribuer à ça, renvoyer ça dans l'espace public, car je pense que ça peut vraiment libérer d'autres paroles.» Cette parole étayée de nombreux autres témoignages, accompagnée d'une enquête rigoureuse et s'appuyant sur une implacable démonstration du caractère systémique de l'affaire, va avoir un impact colossal et donner du courage à des milliers de femmes en France. Si vous n'avez pas encore regardé l'émission de Mediapart avec Adèle Haenel et la sociologue Iris Brey qui a suivi la parution de l'enquête de Marine Turchi, je vous encourage vivement à le faire. La phrase de l'actrice «les violeurs ne sont pas des monstres» est fondamentale pour comprendre la culture du viol. Je me souviens qu'en regardant la video j'ai eu le sentiment de vivre un moment véritablement historique pour les droits des femmes. Malheureusement, en bientôt quatre ans de «révolution #MeToo», les médias français ne m'ont fait ressentir cette émotion qu'une seule fois. Pour que la parole des femmes victimes de violence soit entendue, il faut qu'elle s'accompagne de ce travail méticuleux de recoupage d'informations et de témoignages. Pour que cela ne soit pas «parole contre parole», pour que ces révélations prennent le poids qu'elles doivent prendre, pour que personne ne puisse dire : elle exagère, ou «il n'y a pas mort d'homme[1].»

---

1. Jack Lang, au moment où Dominique Strauss-Khan est accusé d'agression sexuelle par Nafissatou Diallo au Sofitel de New York en mai 2011.

Présentes dans les médias

Est-ce être victime de biais que d'estimer qu'il est du rôle des médias de contribuer à dénoncer les violences sexuelles ? Est-ce complètement utopique de penser que les journalistes ont pour devoir d'informer sur le viol et de déconstruire les mythes qui nourrissent « la culture du viol à la française », comme la qualifie la militante féministe Valérie Rey-Robert[1] ? Est-ce que c'est une perspective de féminazie, ou simplement une façon d'appeler à un journalisme de qualité ? Je vous laisse réfléchir là-dessus en lisant les chiffres absolument déprimants qui vont suivre. Un sondage Ipsos mené en juin 2019 montre que rien n'a bougé, et même que les connaissances de l'opinion publique sur le viol se sont dégradées ces dernières années. Pour 42 % des Français·e·s (contre 40 % en 2015), « cela atténue la responsabilité du violeur si la victime a eu une attitude provocante en public », pour 31 % (contre 27 % en 2015), « une victime est en partie responsable si elle a eu des relations sexuelles avec le violeur ». Pis : la définition juridique même du viol n'est toujours pas entrée dans les cerveaux. Un·e Français·e sur deux considère que forcer une personne à faire une fellation n'est pas un viol, mais une agression sexuelle (alors que c'est un viol). Un·e Français·e sur quatre considère que réaliser un acte de pénétration sexuelle avec le doigt sur une personne qui le refuse n'est pas un viol (alors que c'est un viol). 15 % des Français·e·s considèrent qu'il n'y a pas de viol quand

---

1. *Une culture du viol à la française,* Valérie Rey-Robert, Libertalia, 2019.

Présentes

une personne cède quand on la force (alors que c'est un viol)[1]. Bien sûr, la responsabilité d'informer et de déconstruire les ressorts sexistes de la société n'incombe pas uniquement à la presse. L'Éducation nationale, les politiques publiques, les associations, les syndicats, ainsi que les productions culturelles (fictions, cinéma, littérature…) ont leur rôle à jouer. Mais, quand je vois ces chiffres, je ne peux m'empêcher de penser qu'on assiste ici à un véritable désastre journalistique.

Il est pourtant possible de faire changer les réflexes des médias. À force d'acharnement militant. L'une des actions les plus mémorables de Prenons la une a été la publication, en novembre 2016, d'«Outils pour le traitement médiatique des violences faites aux femmes[2]». Parmi les conseils que prodigue cette charte, il y a le fait de bannir les expressions minimisant l'acte de l'agresseur en considérant ce dernier comme emporté par l'amour et la passion, telles que «crime passionnel» ou «drame familial», et de préférer la tournure passive «a subi un viol» à la traditionnelle tournure «elle s'est fait violer». Prenons la une rappelle aussi qu'il faut «traiter le meurtre conjugal et les violences sexuelles comme un fait de société et non pas seulement comme un fait

---

1. «Les Français et les représentations sur le viol et les violences sexuelles», sondage Ipsos du 21 juin 2019, mené du 22 au 28 février 2019 sur 1 000 individus constituant un échantillon national représentatif de la population française âgée de 18 ans et plus.
2. Le document «Le traitement médiatique des violences faites aux femmes – Outils à l'usage des journalistes» est téléchargeable sur le site : prenons-la-une.tumblr.com.

Présentes dans les médias

divers. Le terme féminicide, qui désigne le meurtre d'une femme en raison de son genre, porte cette dimension sociétale». Le document enjoint également d'éviter les précisions concernant les vêtements, le physique ou les habitudes de la victime, et rappelle gentiment qu'au regard du droit «le fait que la victime soit en état d'alcoolémie au moment des faits est une circonstance aggravante pour l'agresseur». C'est fabuleux de voir que, trois ans après, les lignes ont bougé. Le Tumblr Les mots tuent[1] mis en place par Sophie Gourion, en mars 2016, afin de recenser et de dénoncer les titres infâmes des articles concernant les meurtres et les agressions dans la presse, fait état de moins en moins de cas chaque jour. C'est incroyable de constater que le mot «féminicide» a fini par s'imposer dans les journaux. Mais la route est encore longue pour voir cette prise de conscience aboutir pour l'ensemble des questions féministes.

Car l'incapacité chronique des médias français à se saisir correctement de la réalité touche tous les sujets de société liés aux luttes féministes et antiracistes. À l'heure où j'écris ces lignes, un énième débat sur le voile tourne en boucle à la télévision et à la radio – et connaissant bien les médias de notre joli pays, je parie que, lorsque vous les

---

1. Sur le Tumblr Les mots tuent, on peut notamment lire les titres suivants : «"Ma femme ne sert à rien", prétend le champion des baffes», *L'Est républicain*, 21 août 2019, «Le mortel pas de deux du chanteur de cabaret et de sa compagne», *Le Parisien*, 19 août 2019, «Dax : sa compagne mange une pizza au chorizo, il la mord et lui arrache un morceau de doigt», Franceinfo, 3 juillet 2019, ou encore «Tonton serviable accusé d'être un prédateur sexuel», *20 Minutes*, 18 juin 2019.

Présentes

lirez, cela sera encore le cas. Oh bien sûr on parlera d'une autre histoire, d'un autre scandale, d'une autre femme portant un foulard sur les cheveux qui aura eu l'heur de chanter, de militer, de se baigner, d'accompagner son enfant en sortie scolaire, mais une chose, pour sûr, sera la même : toutes les discussions auront lieu sans qu'une seule femme musulmane portant le voile soit consultée. Pourtant, lorsque miraculeusement une chaîne de télévision a la présence d'esprit d'inviter une femme concernée sur le plateau, le débat s'enrichit tellement! Je voudrais rendre ici hommage à Attika Trabelsi, porte-parole de l'association Lallab, qui a interpellé, en janvier 2017, Manuel Valls sur le plateau de «L'Émission politique» par cette phrase simple et claire : «Vous légitimez des discours qui engendrent des violences à mon égard.» Et plus récemment, le 21 octobre 2019, à la consultante Sara El Attar, qui a lancé sur un plateau de CNews : «Je me demande : est-ce qu'on défend la laïcité ou est-on en train de tomber dans le laïcisme? La laïcité n'est pas une nouvelle religion qui tend à effacer toutes les autres mais l'art de vivre ensemble.» Comment peut-on espérer que cette question qui obsède les médias français soit posée dans des termes acceptables si les personnes qui y répondent sont toujours des personnes blanches, et majoritairement des hommes?

Dans cette France universaliste, si frileuse quand il est question de parler de racisme systémique[1], mesurer

---

1. Dans un rapport publié le 22 juin 2020, le Défenseur des droits Jacques Toubon a employé pour la première l'expression «discrimination systémique», faisant bondir une bonne partie de la classe politique française. «Les discri-

Présentes dans les médias

les représentations ethniques est un tabou. Pourtant, le CSA a instauré depuis 2009 un «baromètre de la diversité» qui évalue chaque année la diversité des représentations à la télévision en se basant sur «l'observation de deux semaines de programmes, aux heures de forte audience, sur 17 chaînes de la TNT gratuite ainsi que sur Canal+». Le CSA estime que ce travail a engendré une prise de conscience sur les problématiques de représentation. Selon le baromètre publié en 2018, si les personnes perçues comme «blanches» restent largement majoritaires à la télévision – elles représentent 83 % des personnes indexées –, on perçoit toutefois une augmentation de la représentation des personnes perçues comme «non blanches» sur les antennes : 17 % des personnes indexées en 2018, contre 14 % en 2014[1]. Mais il faut souligner que ces mesures sont faites sur la télévision en général, en tenant compte des œuvres de fiction et des émissions de divertissement. Il est urgent de pouvoir bénéficier de chiffres concernant les émissions d'information, les journaux télévisés, les débats politiques !

Même sans disposer de ces données, on constate sans peine que les personnes qui commentent l'actualité sont très loin de représenter la diversité de la société. Sur la

---

minations ne sont pas le résultat de logiques individuelles, de quelques DRH qui refusent d'embaucher des personnes noires ou arabes, explique-t-il. C'est tout le système qui est en cause, un système qui reproduit les inégalités», *Le Monde*, 22 juin 2020.

1. «La représentation de la diversité de la société française à la télévision et à la radio», rapport du CSA, 2013-2018.

Présentes

scène du Carreau du Temple, Rokhaya Diallo expliquait que c'est en observant les médias que sa volonté d'engagement est née et qu'elle a décidé de cocréer en 2007 Les Indivisibles, la première association au sein de laquelle elle a milité. Elle a eu un puissant déclic en 2005, au moment des révoltes qui éclatent dans les banlieues françaises après la mort de deux jeunes de Clichy-sous-Bois, Zyed Benna et Bouna Traoré, décédés dans le transformateur électrique après avoir été poursuivis par la police. Très vite, plutôt que de parler de «colère» ou de «révolte», les médias choisissent d'employer les expressions d'«émeutes» et de «violence urbaine». Les auteurs de ces violences sont décrites comme «racailles», terme qu'employait à l'époque le président de la République[1]. Presque personne dans les médias français ne se met à la place des populations des banlieues, n'humanise les habitants et ne prend en considération leur colère légitime. «Les médias ont créé cette ségrégation : eux et nous. D'habitude, la France aime la révolution! Là, on a déshumanisé, diabolisé celles et ceux qui se révoltaient, poursuit Rokhaya Diallo. À l'origine, il s'agit quand même de la mort de deux enfants qui tentaient d'échapper à un contrôle de police alors qu'ils n'avaient rien à se reprocher! Dans les médias, les personnes censées représenter la banlieue étaient des ados qu'on mettait face à des hommes politiques adultes. Face à des gens dont le métier était de parler, cela donnait l'impression de paroles totalement désorganisées.» Si dans les

---

1. Nicolas Sarkozy.

Présentes dans les médias

rédactions des émissions de débats télévisés de l'époque il y avait eu plus de personnes non blanches, plus d'habitants des quartiers populaires, la couverture de ces événements aurait-elle été plus juste? Il y a fort à parier que oui. S'assurer que les points de vue en interne soient les plus diversifiés, c'est aussi garantir un meilleur journalisme.

Un article du *Columbia Journalism Review* intitulé «Missing the Story»[1] («Passer à côté du sujet») rapporte l'anecdote suivante: un article du *New York Times* parlait, il y a quelques années, de la recrudescence des violences dans les affaires de pickpocket à bord des métros du Bronx et déplorait que les victimes résistent aux assaillants pour un butin de «parfois seulement quelques dollars». Selon l'auteur et professeur de journalisme Jelani Cobb, il est évident que le journaliste blanc qui a écrit cet article ignore que, pour un habitant du Bronx, quartier largement peuplé de personnes noires et hispaniques, cinq dollars, c'est la somme qui va permettre de se rendre à son lieu de travail et d'en revenir le soir, c'est la somme qui garantit qu'on va conserver son emploi et obtenir sa paie à la fin du mois. «Pour moi, cet article ne représentait pas seulement un cas de journaliste passant à côté du sujet, explique Jelani Cobb. Cet article parlait d'un problème précis qui se produit quand les journalistes du *New York Times* – et des journaux américains en général –, en l'occurrence, ne ressemblent en rien aux personnes des communautés couvertes par ces journaux. Les personnes

---

1. «Missing the Story», Jelani Cobb, *Colombia Journalism Review*, 2018.

Présentes

qui sont le plus susceptibles d'apparaître dans les articles sont également celles qui sont les moins susceptibles de les écrire.»

Mais cette problématique ne semble pas effleurer les rédactions des journaux, des radios et des télévisions qui continuent de poster sur les réseaux sociaux de fières photos de groupe de leurs équipes constituées presque systématiquement de 100 % de personnes blanches[1]. Dans les écoles de journalisme, on sait que 15 % seulement des étudiants viennent de milieux modestes[2]. En France, on n'envisage que très difficilement qu'une personne noire ou arabe soit chroniqueuse ou journaliste. À tel point que Rokhaya Diallo se voit souvent refoulée à l'entrée des radios et des télés où elle vient travailler : «Ça m'arrive assez régulièrement quand je viens sur des émissions politiques qu'on me dise : le public, c'est par là.»

Comme vous vous en doutez, le problème est plus aigu encore concernant le traitement des questions

---

1. En décembre 2015, le journal *Libération* poste sur les réseaux sociaux, à l'occasion de son déménagement, une photo des membres de sa rédaction au complet, poings levés, et se voit pris à partie sur les réseaux sociaux pour la blanchité de son équipe, alors que le journal est réputé pour régulièrement fustiger l'absence de diversité au sein des instances gouvernantes.

2. «Le droit d'entrée scolaire dans les formations reconnues de journalisme se double d'un droit d'entrée social. La sélection est en effet relativement forte puisque la part des enfants de pères cadres ou membres de professions intellectuelles supérieures atteint les 52,7 %, alors qu'ils ne représentent que seulement 18,5 % de la population active masculine française en 2005 et 32 % de celles des étudiants», «Les portes fermées du journalisme. L'espace social des étudiants des formations "reconnues"», *Actes de la recherche en sciences sociales*, G. Lafarge et D. Marchetti, 2011.

Présentes dans les médias

relatives aux femmes lesbiennes, invisibles parmi les invisibles dans les médias français. D'ailleurs, pour la journaliste Alice Coffin, ce qui caractérise la lesbophobie, c'est exactement cela : l'invisibilisation. Invisibilisation par les médias, par l'histoire, par les récits. Lors de sa conférence, nous avons regardé ensemble des images de la fondation du Mouvement de libération des femmes, le fameux MLF, qui est né ce jour d'août 1970 où neuf militantes ont déposé, au pied de l'Arc de Triomphe, une gerbe de fleurs pour la femme du Soldat inconnu, «encore plus inconnue que le Soldat inconnu» (les féministes sont hilarantes). Parmi elles, Monique Wittig, Cathy Bernheim ou encore Christine Delphy. «Ce n'est que très récemment que je m'en suis rendu compte : une grande partie de ces femmes sont lesbiennes! Ça, on ne me l'avait jamais dit, expliquait Alice Coffin au Carreau du Temple. Pourtant, c'est important de savoir que ce moment inaugural du féminisme est porté par les lesbiennes! C'est important de savoir que des femmes lesbiennes se sont battues pour l'intérêt général, pour des droits qui ne les concernaient pas directement, soit le droit à la contraception et à l'IVG. Et quand on creuse, on réalise qu'au premier plan de beaucoup de mouvements de luttes sociales on trouve des lesbiennes, toujours aux avant-postes lorsqu'il est question de réagencer l'espace public. C'est le cas pour Act Up, Élisabeth Lebovici l'a rappelé récemment, mais c'est aussi le cas du mouvement Black Lives Matter, dont deux des trois fondatrices (Alicia Garza, Patrisse

Présentes

Cullors et Opal Tometi) se définissent comme queers, ou plus récemment, Emma Gonzales, leadeuse du mouvement March for Our Lives, le groupe d'élèves qui milite contre le port d'armes aux États-Unis. Mais les médias n'écrivent jamais cette histoire-là. Quand on demande à ce que le lesbianisme soit visible, ce n'est pas pour parler de nos sexualités, c'est la revendication d'une identité politique.»

C'est également en observant les médias, en tant que journaliste en charge des pages médias du quotidien *20 Minutes*, qu'Alice Coffin a décidé d'accentuer son engagement politique. En 2012, alors que le débat fait rage concernant l'ouverture du mariage aux personnes de même sexe en France, les adversaires de cette réforme sont surreprésentés sur les plateaux de télévision, dans la presse et dans les émissions de radio. «C'est un énorme déclic, tout est venu cogner, poursuit Alice Coffin. J'étais journaliste, j'étais féministe, j'étais lesbienne et soudain cette question arrive au cœur de l'actualité, et le sujet que je vois traité par mes confrères et mes consœurs, c'est moi, c'est nous. On estime d'un seul coup, sous l'impulsion gouvernementale, qu'il doit y avoir des discussions sur ce à quoi une femme lesbienne dans la société a droit. Et cette discussion a lieu sans nous.» Elle cofonde avec Alix Béranger et d'autres militant·e·s le collectif Oui Oui Oui dont la revendication principale se formule ainsi : «Nous sommes attaché·e·s au fonctionnement démocratique, ouvert et dynamique du collectif : les décisions se discutent ensemble et se

Présentes dans les médias

prennent ensemble[1].» C'est dans cette même optique qu'elle participe en 2013 à la fondation de l'Association des journalistes LGBT (AJL) qui publie des «kits journalistiques» à destination des médias, pour les inciter à traiter des thématiques LGBT avec justesse et dans le respect des personnes.

En septembre 2018, rebelote. Les débats s'apprêtent à être (enfin) réouverts sur la question de la PMA. Un collectif de 90 mères lesbiennes ayant eu recours à la PMA à l'étranger publie une tribune sur le site de Franceinfo : «Chers journalistes et rédacteurs en chef, pour cinq opposants à la PMA, combien de lesbiennes avez-vous interrogées? Le décalage est criant et le combat médiatique, inégal, dès le départ. Car, quand bien même vous nous donneriez la parole équitablement, nous ne viendrions qu'avec nos vécus, nos émotions, nos familles, auxquels vous n'accordez pas le dixième de l'attention que vous portez aux "spécialistes", "analystes" ou "éditorialistes" qui glosent sur nos situations de vie. Il nous faudrait rester de marbre, dérouler un argumentaire infaillible. Mais nous sommes à vif. Face à leur dégoût, nous souffrons. Face à leur haine, nous sommes blessées.»

Du 23 septembre au 15 octobre 2019, l'Assemblée nationale examine le projet de loi bioéthique, qui comprend l'ouverture de la PMA aux lesbiennes et aux femmes célibataires. Durant cette période, l'AJL

---

1. Site du collectif Oui Oui Oui.

a assuré une veille sur les matinales des cinq radios nationales généralistes. La PMA est abordée 35 fois en vingt-deux jours, par 19 femmes et 29 hommes, dont seulement deux lesbiennes et une femme célibataire. On ne compte aucune personne trans, alors qu'il s'agit de personnes concernées au premier chef (à ce jour, la loi les exclut du droit de recourir à la PMA). Tandis que les nombreuses incohérences de la loi sont éludées par les médias, le sujet est fortement polarisé puisque la Manif pour tous est mentionnée 23 fois dans ces débats. Il y a des dizaines de façons d'équilibrer la discussion concernant les familles homoparentales, des tas de nuances à explorer, de nombreux questionnements philosophiques concernant la filiation, la faculté à faire famille, l'éducation. Autant de conversations qui n'ont pas eu lieu. Pourquoi envisager ce débat comme un combat entre la communauté LGBTQIA (lesbienne gay bi trans queer intersexe asexuel) et une frange catholique et traditionaliste de la population qui ne représente qu'une infime minorité de l'opinion, mais une minorité aisée, ayant les moyens de s'organiser, de communiquer, de fabriquer des pancartes, des tee-shirts, des flyers, des communiqués de presse, bref, de se faire entendre ? Prenons conscience du fait que, lorsqu'on parle de «neutralité» médiatique, on est en fait souvent en train de mettre en avant un discours oppressif, tout en silenciant celui des minorités. «La neutralité, c'est la subjectivité des dominants», résume Alice Coffin. Pour le démontrer, le moyen le plus efficace, c'est encore et

Présentes dans les médias

toujours de compter. «Avoir des statistiques permet d'être inattaquable, en tout cas le moins attaquable possible, souligne-t-elle. Car, sur ces questions-là, les questions féministes ou lesbiennes, le premier réflexe de nos opposants va être de répondre : "Mais ce n'est pas vrai!" Souvent parce que les chiffres qu'on donne sont stupéfiants. Compter, cela fait preuve, compter, cela fait système. Cela montre qu'il ne s'agit pas de faits isolés, mais bel et bien d'une tendance lourde.»

Ce que fait l'AJL en mettant en avant ces chiffres, c'est rendre visible l'invisible. Montrer de façon incontournable ce qui est absolument inconscient et tu de la part des médias. Y compris ceux qui se pensent les plus progressistes! Rokhaya Diallo ainsi qu'Alice Coffin ont souligné le fait qu'on était beaucoup plus prompt à décerner des mauvais points aux émissions dont le public est populaire, jeune et issu des quartiers modestes, qu'aux talk-shows branchés regardés par les «bobos». Alors que les situations sont rigoureusement identiques. Et que parfois même la diversité est plus forte du côté des émissions populaires. On retrouve là, une fois encore, cette idée selon laquelle le manque de respect, la misogynie et l'intolérance sont plus présents dans les quartiers populaires qu'ailleurs. Ce qui est décidément, vous l'aurez compris, un sacré biais français!

En organisant ces conférences au Carreau du Temple, j'ai réalisé que mes invitées et moi-même avions un point commun : pour contourner les barrages, nous avons créé des espaces d'expression alternatifs. Est-ce que pour lutter efficacement nous sommes obligées de créer nos propres espaces de parole ? J'ai eu l'occasion de poser cette question à la journaliste et militante américaine Gloria Steinem[1] (oui, je l'ai interviewée, oui, c'est la grande classe) et qui a, elle aussi, créé des médias féministes pour faire entendre ses idées. Voici ce qu'elle a répondu : «Nous avons besoin de créer nos propres espaces pour prouver que les questions féministes constituent un véritable sujet. Nous les créons aussi pour inventer un nouveau langage, pour exprimer ce qui ne l'est pas encore. Au bout d'un moment l'équilibre vacille, les médias traditionnels réalisent qu'ils passent à côté de quelque chose et qu'il faut couvrir les problématiques féministes. Il y a vingt-cinq ou trente ans que nous, militantes américaines, avons créé l'expression harcèlement sexuel. Nous en avons fait des unes dans nos médias et, petit à petit, avons construit sa définition et permis d'appréhender le phénomène. Aujourd'hui, parce que nous avions nos propres médias, parce que nous organisions des conférences, des rassemblements et j'en passe, le mouvement #MeToo est reconnu par tous comme étant de l'actualité. C'est un long processus.»

C'est donc ce que nous faisons toutes, journalistes féministes, militantes et femmes ayant le courage de témoigner : faire pression pour imposer les problématiques féministes dans l'espace public. Nous traversons actuellement un moment hautement dialectique.

---

1. Voir épisode 56 du podcast *La Poudre*.

Présentes dans les médias

Alors que la parole des victimes est enfin entendue, alors qu'émerge dans la société une forme de prise de conscience des violences quotidiennes subies par les femmes et des violences induites par le racisme systémique, le patriarcat organise la riposte. Et, malheureusement, on n'entend que lui. Et la nomination, en juillet 2020, au poste de ministre de l'Intérieur d'un homme accusé de viol[1] en est la preuve éclatante.

On est en plein moment de «backlash», ou «retour de bâton», comme l'appelait dans les années 1990 la féministe américaine Susan Faludi[2]. Ce moment où la tension est la plus forte, où la presse conservatrice consacre sa une à la «terreur féministe»[3], où les vieux mâles blancs qui règnent sur les plateaux de télé depuis plus de quarante ans pleurnichent. Mais il faut résister, car ces gens délirent. Ils hurlent à tout bout de champ qu'on ne peut plus rien dire, mais ils n'arrêtent pas de parler. On continue de voir se déverser des discours misogynes et racistes sur tous les plateaux de télévision et dans les émissions de radio. C'est un vieux monde

---

1. Gérald Darmanin a été accusé de viol en 2017 par une femme, Sophie Patterson-Spatz, lui ayant demandé de l'aide en 2009 alors qu'il était chargé de mission au service des affaires juridiques de l'UMP. La plainte a été classée sans suite en 2018. La plaignante a alors déposé une nouvelle plainte avec constitution de partie civile, à nouveau classée sans suite. Mais à la demande de la Cour de Cassation, en juin 2020, la cour d'appel de Paris a ordonné la reprise des investigations. Le ministre a donc été nommé alors qu'il fait l'objet d'une investigation pour viol. Et franchement ça fait mal.
2. *Backlash. La guerre froide contre les femmes*, Susan Faludi, Éditions des femmes - Antoinette Fouque, 1993.
3. Une de *Valeurs actuelles*, mai 2019.

Présentes

qu'on rend malade. De crainte de perdre le privilège de commenter seul la marche de la société, ce vieux monde déchaîne contre les féministes une colère d'une violence inouïe. Pas seulement sur les plateaux de télé et dans les colonnes des journaux : sur Internet aussi.

3. Internet : un espace public au rabais?

En septembre 2017, la journaliste Julie Hainault signe dans *Le Petit Bulletin* un article sur un bar à cocktails de Lyon. Elle rapporte dans son article les propos racistes des gérants qui, sans complexe, lui parlent de «l'esprit colonial, un esprit à la cool, où on savait recevoir». Mortifiée, la journaliste dit son malaise dans son article. Elle attire l'attention d'un site Internet néonazi[1]. Celui-ci dirige contre elle sur les réseaux sociaux une attaque coordonnée par des milliers de sympathisants du site. Elle est toujours la cible, aujourd'hui, de menaces de mort, de menaces de viol et d'insultes immondes. Sa vie et sa carrière ont été gâchées par des groupes qui ne supportent pas que les femmes déploient une parole politique dans l'espace public. Ils s'organisent telle une armée pour rendre intolérable leur existence. Épuisée par un combat judiciaire à l'issue duquel seul un agresseur a été condamné, Julie Hainault donne une interview

---

1. Il s'agissait du site Démocratie participative, qui prônait très clairement la suprématie de l'homme blanc dans des contenus négrophobes, antisémites, homophobes et sexistes d'une grande violence.

Présentes dans les médias

à Konbini en février 2020[1] : «Il y a deux conséquences au cyberharcèlement, : l'invisibilisation et le musellement. On entend des phrases insupportables : "Tu aurais dû t'y attendre, pourquoi tu as écrit cet article?" C'est le même mécanisme que quand on dit à une victime de viol qu'elle portait une jupe trop courte ou qu'elle avait trop bu.» Le cyberharcèlement induit donc un mécanisme pernicieux, celui de la silenciation des femmes dans l'espace public.

Novembre 2017. La journaliste Nadia Daam fait sa chronique sur Europe 1. Elle évoque les «trolls» du forum Blabla 18-25 du site Jeuxvideo.com, connu pour ses «raids» en ligne menés contre des militantes féministes. Un troll, c'est un intervenant qui, généralement sous couvert d'anonymat, commente des articles ou des messages sur les réseaux sociaux sur un ton polémique voire insultant. Un raid est une attaque coordonnée entre plusieurs centaines, parfois milliers, de trolls. L'objectif est d'inonder une cible de commentaires et de messages violents. Ces attaques sont genrées, les insultes misogynes pleuvent et les appels au viol y sont d'une effarante banalité. Ce sont des actions de ce type que Nadia Daam condamne à la radio ce jour-là, en prenant l'exemple alors récent du cyberharcèlement subi par la créatrice et le créateur d'un «numéro de téléphone antirelous» visant à lutter contre

---

1. «Vidéo : depuis deux ans, elle est victime de cyberharcèlement par des néonazis, la journaliste Julie Hainaut témoigne et dénonce l'impunité des cyberharceleurs», Konbini, 5 février 2020.

Présentes

le harcèlement de rue[1]. C'était un geste courageux, car à l'époque on ne nommait le cyberharcèlement qu'avec timidité, surtout celui, spécifique, que subissaient les féministes et les femmes journalistes engagées sur les réseaux sociaux. Nadia Daam a payé cher son audace. Dès le lendemain de sa chronique, les insultes se déversent par milliers sur ses pages de réseaux sociaux. Appels au viol, au meurtre, aux deux en même temps (vous m'avez bien lue…), injures racistes. La journaliste réalise que ses coordonnées personnelles, son adresse et son numéro de téléphone, ainsi que le nom du collège de sa fille circulent sur le forum. Elle est contrainte de déménager pour assurer sa sécurité. Elle vit dans la peur. Bien que son employeur dépose plainte pour «menace de crime contre les personnes», sa vie professionnelle est chamboulée. Pour se protéger, elle disparaît des réseaux sociaux. En juillet 2018, l'un des cyberharceleurs (un seul!) est condamné à cinq mois de prison avec sursis et 2 500 euros pour préjudice moral. C'est la première fois en France qu'une personne est condamnée pour cyberharcèlement. Nadia Daam a joué un rôle de lanceuse d'alerte et permis à la discussion de s'ouvrir. Mais à quel prix.

Janvier 2018 : sur un plateau de télévision, Rokhaya

---

1. Il s'agissait d'Elliot Lepers et de Clara Gonzales, qui, inspirés par une initiative du magazine américain *The Mary Sue*, avaient créé un numéro unique à balancer à un «relou» qui vous draguerait avec insistance. S'il utilisait le numéro, il recevait automatiquement en retour un message de rappel sur la notion de consentement.

Présentes dans les médias

Diallo prononce cette phrase : «Rien n'est pensé pour nous. Ni les pansements, ni les coiffeurs, ni le fond de teint.» Dans les pharmacies en France, on ne trouve en effet aucun produit de santé ou de cosmétique adapté aux peaux noires. Une remarque absolument objective, plutôt sensée. Un peu comme quand je vous expliquais plus haut que les pages des magazines féminins «oubliaient» les peaux noires et les cheveux crépus dans leurs pages beauté. Le fait qu'il n'existe que des pansements de couleur claire signale, de fait, une exclusion des peaux noires sur le marché du sparadrap et une certaine indifférence, voire une négation, de la part des fabricants et des commerçants de l'existence des populations noires. Des mois plus tard, cette petite phrase est reprise par un magazine ultraconservateur qui tourne en dérision sa remarque : «Si l'on suit le référentiel de cette dame, nous ne sommes pas loin du crime contre l'humanité.» Sur LCI, un homme politique d'extrême droite se moque à son tour de la remarque de Rokhaya Diallo. La militante est aussitôt bombardée sur les réseaux sociaux d'insultes racistes et sexistes, de menaces de mort, de viol (vous commencez à être habitué·e·s). Rokhaya Diallo m'a livré son analyse de cette polémique : «D'un coup, en tant que femme noire, j'ai accès à un espace qui est habituellement très peu accessible aux personnes comme moi. Les conversations que les personnes racisées ont en privé sur le racisme ne franchissent généralement pas la limite de nos cercles. Le fait que je puisse exprimer ces idées-là dans l'espace public m'expose

Présentes

à des gens qui ne sont pas prêts à l'entendre et qui réagissent avec violence. Cela les heurte que je puisse dire que je vis dans un pays où ma couleur de peau est considérée comme une anomalie, et que cela a toute une série de conséquences pour des millions de personnes.» J'ai du mal à comprendre comment Rokhaya Diallo fait pour continuer à aller sur les plateaux de télévision porter sa pensée et ses combats, tant elle subit de violences en retour, depuis des années. Elle y a d'ailleurs consacré un documentaire : «Les réseaux de la haine», diffusé en 2014 sur la chaîne LCP, dans lequel elle raconte le procès qui l'a opposée la même année à l'un de ses harceleurs, un jeune homme de 23 ans. Il sera condamné en janvier 2014 à 2 000 euros d'amende et à lui verser 1 000 euros de dommages et intérêts après avoir été reconnu coupable «d'injure et provocation non suivie d'effet au crime[1].»

Je pourrais continuer de citer sur des pages et des pages les exemples de femmes journalistes et/ou féministes ayant été ciblées par de violentes campagnes de cyberharcèlement ces dernières années. Une partie de mes consœurs militantes à Prenons la une y ont été

---

1. À l'époque, le délit de cyberharcèlement, qui a permis de condamner l'un des agresseurs de Nadia Daam, n'existait pas. Il a été créé par la loi du 4 août 2014 qui le définit ainsi : «Le fait de harceler une personne par des propos ou comportements répétés ayant pour objet ou pour effet une dégradation de ses conditions de vie se traduisant par une altération de sa santé physique ou mentale est puni d'un an d'emprisonnement et de 15 000 euros d'amende lorsque ces faits ont causé une incapacité totale de travail inférieure ou égale à huit jours ou n'ont entraîné aucune incapacité de travail.» Il peut être puni de deux ans d'emprisonnement et de 30 000 euros d'amende.

Présentes dans les médias

confrontées, pas une de mes invitées sur la scène du Carreau du Temple n'y a échappé. Caroline de Haas a été contrainte de fermer pendant des mois son compte Twitter face aux flots d'injures qu'elle recevait quotidiennement (notamment après avoir suggéré d'élargir les trottoirs). Avec quelques années de recul, elle estime que «ces violences sont faites pour vous donner le sentiment que vous ne valez rien. J'ai sous-estimé la gravité du cyberharcèlement et de l'impact que cela pouvait avoir sur moi. Car, pour compenser le sentiment que provoque un message de haine, il faut cent messages positifs. Quand on s'en rend compte, c'est souvent trop tard». Anaïs Bourdet, la créatrice de la plateforme en ligne Paye ta shnek, en a eu tellement marre qu'elle a dû petit à petit se mettre en retrait des réseaux sociaux : «Ce sont des violences inouïes, organisées, ultraviolentes, qui ont pour vocation de faire sortir les femmes de l'espace d'expression que représente Internet. C'est un mécanisme identique au harcèlement de rue, ou au harcèlement au travail. L'objectif, c'est que les femmes se taisent. On leur fait peur afin qu'elles s'extraient par elles-mêmes de cet espace.»

J'en ai moi aussi été la cible, après avoir reçu successivement dans mon émission estivale «Les Savantes», en août 2019, sur France Inter, la sociologue Hanane Karimi, que vous connaissez maintenant, et la chercheuse Maboula Soumahoro, docteure en civilisation du monde anglophone et fondatrice en France du Black

Présentes

History Month[1]. Pendant près de deux mois, chaque matin, au réveil, je trouvais sur Twitter des centaines de messages me traitant de «collabo», de «journalope», d'«islamogauchiasse», de «suppôt de l'islamisme». Des comptes très suivis m'insultaient publiquement, mettaient en cause ma légitimité et mes compétences professionnelles, attirant dans leur sillage des meutes d'assaillants qui surenchérissaient (au cas où vous vous poseriez la question, la grande majorité d'entre eux n'avaient pas écouté l'émission). Cette période a été pour moi un moment insoutenable. Et, pourtant, ce que j'ai enduré n'était rien au regard de ce qu'ont subi mes invitées, qui ont eu droit en prime à des injures racistes. Ce que j'ai vécu n'a rien de comparable avec les raids organisés que je vous décrivais en début de chapitre, néanmoins, quand j'évoque cet épisode, j'ai des sueurs froides.

Être harcelé·e sur Internet, c'est voir son niveau d'anxiété monter en flèche. C'est perdre le sommeil, parfois l'appétit, et à coup sûr la capacité d'offrir une écoute de qualité à ses proches, de s'occuper de ses enfants, de savourer le quotidien. On a beau se déconnecter des réseaux sociaux, partir marcher, lire un livre, les voix insultantes continuent de résonner en vous, nuage noir dans un coin de la tête, brouhaha sourd et ricanant. Subir un cyberharcèlement lorsqu'on est déjà fragilisé·e

---

1. Le Black History Month, le mois de l'histoire des Noirs est une commémoration annuelle de l'histoire de la diaspora africaine. Il est célébré en février aux États-Unis depuis 1976, et au Canada depuis 1995.

148

Présentes dans les médias

mentalement – stress post-traumatique, dépression, trouble du comportement alimentaires, burn-out – peut engendrer un épisode dépressif. J'en sais quelque chose. Un sondage de 2017 commandé par Amnesty International révèle que «61% des femmes ayant déclaré avoir subi du harcèlement en ligne racontent que cela a provoqué une baisse de l'estime d'elles-mêmes ou une perte de confiance en elles. 55% ont déclaré avoir été victimes de stress, d'angoisse ou de crises de panique après les faits. 63% ont déclaré que les abus ou le harcèlement en ligne ont provoqué chez elles des troubles du sommeil[1]».

Le cyberharcèlement touche-t-il plus particulièrement les femmes que les hommes? Évidemment, la réponse est oui. D'après un rapport de l'ONU Femmes publié en 2015, 73% des femmes interrogées par l'agence déclarent avoir été victimes de violences en ligne, dont 18% ont été confrontées à une forme grave de ces violences[2]. Comme dans la ville, celles qui sont le plus souvent visées par le cyberharcèlement sont les femmes racisées, les femmes trans, les femmes lesbiennes, les femmes handicapées, les femmes dont le corps ne correspond pas aux canons esthétiques imposés. 58% des femmes ayant répondu au sondage d'Amnesty International soulignent la nature

---

1. «Harcèlement en ligne, l'impact inquiétant», Amnesty International, novembre 2017 (réalisé par Ipsos-Mori auprès de femmes de huit pays âgées de 18 à 55 ans).
2. «Lutter contre la violence en ligne à l'égard des femmes et des jeunes filles : Appel à une prise de conscience à l'échelle mondiale», ONU Femmes, septembre 2015.

Présentes

raciste, sexiste, homophobe ou transphobe du cyber-harcèlement dont elles ont été victimes. Sont aussi particulièrement visées toutes les femmes qui osent exprimer dans l'espace public leurs savoirs ou leurs opinions, c'est-à-dire les femmes journalistes et militantes féministes. En décembre 2018, Amnesty International a publié les résultats de sa «patrouille des trolls», une étude qui s'est appuyée sur l'intelligence artificielle pour analyser 228 000 tweets adressés à 778 femmes journalistes et politiques américaines et britanniques. Les résultats sont édifiants : 7,1 % de ces tweets sont «problématiques», 1,1 million de messages en tout, soit «un toutes les trente secondes». L'étude dévoile aussi que les femmes racisées ont 34 % de risques supplémentaires d'être mentionnées par ces tweets[1]. Ce chiffre monte à 84 % pour les femmes noires.

Il y a bien des parallèles à faire entre la culture du viol et le cyberharcèlement. Déjà, dans les faits, une grande partie des attaques visant les femmes en ligne consiste purement et simplement en des appels au viol. Ensuite, la parole des femmes harcelées est systématiquement minimisée, remise en question, contextualisée, comme si on devait chercher dans son comportement la cause de la violence qu'elle subit. Enfin, comme dans le cas du viol, les responsables ne sont pas punis. J'ai énuméré plus avant les quelques très rares cas où le cyberharcèlement a été suivi d'un procès et d'une

---

1. «Troll Patrol Findings», rapport d'Amnesty International, décembre 2018.

Présentes dans les médias

condamnation. Une reconnaissance obtenue au terme d'un vrai parcours de combattante, qui s'est fait au prix de la santé de la victime, qui souvent n'a obtenu la condamnation que d'un seul de ses assaillants. Prenons la une a publié, le 24 mai 2018, une tribune[1] appelant les rédactions à prendre en compte les épisodes de cybeharcèlement contre les femmes journalistes comme des accidents de travail et à mettre à disposition des victimes des ressources juridiques, un soutien psychologique et un accompagnement qui leur permettent de filtrer les réactions les plus violentes dont elles sont l'objet sur les réseaux sociaux. Rares sont les rédactions qui aujourd'hui ont ce réflexe. C'est bien souvent aux femmes journalistes de se débrouiller seules face à la jungle misogyne d'Internet, un lieu où, comme ailleurs, règne l'entre-soi masculin.

Pour contrer cela, des militantes suggèrent d'intégrer dans nos mécanismes sociaux l'éducation à l'empathie, comme le proposent Anaïs Condomines et Emmanuelle Friedman dans leur ouvrage consacré à ce phénomène[2] : «Puisque le cyberharcèlement est le miroir de la société, il faut s'attaquer à la racine de toutes les discriminations. Il faut des politiques publiques, une éducation à la bienveillance et une valorisation de l'empathie.» C'est aussi la réaction qu'appelle de ses vœux le Collectif féministe contre

---

1. «Cyberharcèlement : "La presse doit mieux protéger les femmes journalistes", collectif Prenons la une, *Le Monde*, 24 mai 2018.
2. *Cyberharcèlement. Bien plus qu'un mal virtuel*, Pygmalion, 2019.

le cyberharcèlement[1], fondé en 2016 par cinq militantes, Ketsia Mutombo, Wissale Achargui, Johanna Soraya Benamrouche, Laure Salmona et Coumba Samake, pour lutter contre ces violences spécifiques : «Il faut favoriser ce que l'on nomme l'"intelligence émotionnelle numérique", c'est-à-dire la capacité à construire de bonnes relations avec les autres en ligne et à leur venir en aide[2].»

Ce qui est merveilleux quand on écrit un livre, c'est qu'on a toute la place qu'on veut pour nuancer son propos (ce qui n'est malheureusement pas le cas sur les réseaux sociaux). Et je voudrais, avant de poursuivre sur les affres du cyberharcèlement, faire une énorme déclaration d'amour à Internet. Loin de moi la volonté de vous persuader que le Web, c'est le mal, et qu'on était bien mieux du temps des livres, des journaux papier et des gentilles prises de bec au Café du Commerce. Sans Internet, la révolution #MeToo n'aurait jamais eu lieu. Il y a une puissance du hashtag, et Internet a été, pour le féminisme, l'outil rêvé qui a pu faire surgir dans l'espace public des paroles, des expériences et des

---

1. Voir site Vscyberh.org qui regorge de ressources et de conseils pour les victimes, notamment des numéros d'écoute et des mesures d'urgence pour se protéger en cas d'attaque en ligne. L'une des possibilités est d'appeler le numéro vert national Net Écoute (0800 200 000) où une équipe d'écoutant·e·s conseille et accompagne, du lundi au vendredi, de 9 h à 19 h, les victimes de cyberharcèlement mineures, ainsi que leurs familles et le personnel éducatif concerné. La plateforme En avant toute(s) propose, quant à elle, un tchat ouvert les lundis, mardis et mercredis après-midi pour accompagner les jeunes femmes victimes de violences et de cyberviolences au sein du couple.
2. Voir site du collectif.

Présentes dans les médias

éléments théoriques, ce qu'aucun autre lieu, physique ou médiatique, n'avait encore permis. Ces dernières années, tout particulièrement auprès de la plus jeune génération, c'est grâce à Twitter, à Instagram, à Tumblr, aux blogs, aux newsletters et aux podcasts – des outils qui semblent avoir été conçus pour contourner les systèmes de censure et d'isolement – qu'une vague de pensée féministe a pu se déployer. Lors de sa conférence au Carreau du Temple, Elisa Rojas a rappelé le rôle qu'a joué Internet pour les militant·e·s des droits des handicapé·e·s. « Quand les déplacements sont difficiles, voire impossibles, c'est un lieu de socialisation sans équivalent, et c'est pour des militants comme nous un espace rêvé pour diffuser des informations et tenir un autre discours. Cela permet aussi des rencontres qui n'auraient jamais pu se produire autrement. Pour donner un exemple concret, dans le cas des quatre personnes qui ont signé le manifeste du Clhee, nous vivions assez loin les unes des autres, et nous ne nous serions jamais rencontrées sans les réseaux sociaux. Même avec des points communs, des idées communes, je ne vois pas comment on aurait pu se connaître autrement. » Marie Dasylva, coach et miliante, une autre de mes invitées au Carreau du Temple, dont je vous reparlerai longuement dans la dernière partie de ce livre, est la créatrice du hashtag #jeudisurvieautaf, qui lui permet de distiller une fois par semaine sur Twitter, à partir de cas concrets, des conseils à l'attention des femmes racisées victimes d'oppression sur leur lieu de travail. Elle présente ainsi

153

Présentes

les avantages du réseau social pour une activiste comme elle : «Le hashtag a plusieurs fonctions : je donne des perspectives de lutte, je permets aux personnes qui me suivent de prendre conscience de certains comportements, et de se servir de mes conseils comme armes. Cela me permet aussi de me nourrir des réactions et de mettre en lumière les personnes dont je raconte les histoires, pour qu'elles se sentent épaulées, qu'elles se souviennent qu'elles ont été capables de répondre à l'oppression, tout en gardant une trace, comme une archive.» Sans la puissance des réseaux sociaux, Caroline de Haas n'aurait jamais pu faire descendre dans la rue des centaines de milliers de femmes lors des manifs de Nous Toutes, Anaïs Bourdet n'aurait jamais pu alerter sur le harcèlement de rue et Alice Coffin, qui parle de Twitter comme d'un «mégaphone», n'aurait pas pu contribuer à faire évoluer la ligne éditoriale de certains médias à travers ses interpellations.

Bref, oui, Internet, c'est de la bombe. Mais c'est aussi un espace où les violences contre les femmes sont considérées comme allant de soi. «Dans les cas de cyberharcèlement, ce qu'on va faire, c'est demander aux femmes de s'organiser pour se protéger. Ce que les réseaux sociaux, les discours officiels et nos entourages nous conseillent? Fermer notre compte. Ne pas regarder Internet, voire quitter le réseau social. Ce qu'on finit par faire, et c'est un triste constat», affirme Anaïs Bourdet. Le sondage d'Amnesty International corrobore ces faits : plus des trois quarts des femmes ayant

Présentes dans les médias

déclaré avoir subi des violences ou du harcèlement sur une plateforme de réseau social ont modifié leur façon d'utiliser ces plateformes. Un tiers d'entre elles a cessé de publier des contenus véhiculant leur opinion[1]. De mon côté, je confirme : après la vague d'insultes qui m'a visée à l'été 2019, j'ai supprimé mon compte Twitter qui était pour moi jusqu'ici un espace important me permettant de rendre public mon travail et de vulgariser des concepts féministes. De guerre lasse, j'ai abandonné, pour me concentrer sur les podcasts et les conférences, des espaces dans lesquels ma parole et celle de mes invitées se déploient en toute sécurité. Car les trolls antiféministes sont très paresseux. Insulter anonymement depuis un compte Twitter, tranquillement calés derrière leur écran, ils savent faire. Mais se déplacer un soir pour aller écouter une parole nuancée dans un amphithéâtre ou lancer un podcast pour entendre des propos longs et argumentés, ils ont la flemme, et c'est tant mieux.

Comme dans la rue, on dit aux femmes : «Traîner ici est dangereux, et, pour éviter ces dangers, tu dois prendre des précautions, éviter certains sujets, adopter des stratégies pour ne pas t'exposer à une agression.» Il faut ici souligner l'attitude complètement irresponsable des réseaux sociaux eux-mêmes dans les cas de cyberharcèlement. Depuis quelques années, on voit se multiplier les outils qui permettent aux victimes de ne

---

1. «Harcèlement en ligne, l'impact inquiétant», Amnesty International, 20 novembre 2017.

Présentes

pas «voir» les attaques qu'elles subissent (option «Mute» sur Twitter, ou possibilité de «bloquer» des comptes sur la plupart des réseaux sociaux). Mais il est très rare que signaler un compte pour attaques sexistes ou racistes aboutisse concrètement à sa suspension. Certes, il faut protéger la liberté d'expression, mais pourquoi alors observe-t-on une censure systématique des contenus militants publiés par des travailleuses du sexe, des militant·e·s queers, trans ou antigrossophie ? Ce à quoi on assiste est tout bonnement hallucinant : quand des tas de top models posent en microbikini au bord de piscines turquoise et récoltent des millions de «likes» (et donc rapportent de l'argent au réseau social) sans être inquiétées une seconde, les militantes antigrossophobie, comme Daria Marx, ou Leslie Barbara Butch, modèle, DJ et militante, voient les photos de leurs corps dénudés, publiées pour des raisons politiques de représentation des corps gros dans l'espace public, effacées sans crier gare par le réseau, car leurs publications ont été signalées par des personnes malveillantes comme «Contenu pornographique». Parfois, ce sont même leurs comptes qui sont suspendus ! Même sans montrer le moindre téton, leurs photos, manifestement, dérangent. Parce qu'on y voit trop de peau ? Parce qu'on y voit trop de gras ? Parce que le propos est trop politique ? Trop subversif ? Un peu de tout ça ? Quoi qu'il en soit, comme dans l'espace public matériel, la vision de leurs corps qui ne se conforment pas aux critères communément

156

Présentes dans les médias

admis de la «féminité» n'est pas tolérée[1]. Même sanction pour des travailleuses du sexe et les militantes sex-positives (un mouvement issu du milieu queer qui invite les femmes et les minorités sexuelles à investir le champ de la sexualité) qui utilisent les réseaux sociaux pour se faire connaître ou partager des contenus pédagogiques, concernant par exemple le rôle du clitoris, le consentement ou le plaisir féminin. Bien souvent leurs comptes sont *shadow banned* (c'est-à-dire que leurs contenus seront masqués par les algorithmes), quand ils ne sont pas tout simplement suspendus[2]. Pendant ce temps, des comptes d'hommes hétéros alignant des photos de femmes «sexy» continuent de se démultiplier sans entraves. Et que dire du fait que la publication d'un téton féminin, même dénué de toute dimension sexuelle, entraînera systématiquement la suppression de la photo en ligne? Les artistes et les militants usent de stratagèmes très inventifs pour contourner la censure, donnant naissance, par exemple, à des comptes comme Genderless Nipples («Tétons sans genre»), dont le contenu est entièrement consacré à des gros plans de tétons dont on ne peut deviner s'ils sont ceux d'une femme ou d'un homme. Face à ces contenus non binaires, les algorithmes d'Instagram se dérèglent. Que penser enfin de la suppression de toute photo incluant

---

1. «Grossophobie : la une de *Télérama* censurée par Facebook et Instagram, les internautes contre-attaquent», *Le Parisien*, 7 février 2020.
2. «Perdre Twitter, c'est perdre son travail» : les travailleuses du sexe s'inquiètent d'une vague de censure, *Numerama*, 25 septembre 2019.

Présentes

du sang menstruel sur un vêtement féminin alors qu'une tache de sang sur une cravate n'effraie personne[1]? Ces derniers temps, les campagnes visant à mettre fin à ces formes de censure qui touchent tout spécialement les femmes et les militant·e·s sur les réseaux sociaux se multiplient, de #freethenipple (libérez le téton) à #respecteznosregles. Mais les tout-puissants Facebook, Instagram et Twitter font la sourde oreille et continuent d'être très flous sur les véritables règles qui s'appliquent à une publication, persistant à confondre contenu péda-gogique et contenu pornographique. Les concernée·e·s ont la désagréable sensation d'un système «deux poids deux mesures» qui leur est toujours défavorable.

Je voudrais clore ce chapitre en consacrant quelques lignes à un autre phénomène contemporain de cyber-violence. Celle qui se pratique au sein des milieux mili-tants eux-mêmes. Mais je serai brève, et la plus directe possible, car il est hors de question que ce débat-là prenne le dessus sur le cyberharcèlement pratiqué par des groupes réactionnaires organisés pour faire taire la parole féministe. D'ailleurs, commençons par là. Lorsque le Printemps républicain organise une attaque contre une militante, c'est appuyé de comptes influents, parfois «vérifiés» par les plateformes. Ce sont des opérations organisées, avec des éléments de langage et des relais sur des sites et des médias d'extrême droite,

---

1. La poétesse canadienne Rupi Kaur a vu une photo la représentant allongée sur un lit le pantalon blanc taché de sang censurée par Instagram en 2016. Elle en a fait un symbole.

Présentes dans les médias

leur donnant une dimension presque « officielle ». Les militant·e·s féministes et antiracistes ne disposent jamais de tels moyens. Néanmoins, il s'est développé ces dernières années dans le monde militant une culture dite du *call out* (interpellation publique) ou de la *cancel culture* (culture de l'annulation) qui fait s'opposer des militant·e·s féministes, LGBTQIA et/ou antiracistes. La chercheuse en sociologie Aurore Koechlin décrit le phénomène en ces termes : « Reprendre ou rappeler à l'ordre toute personne qui fera ou dira quelque chose de "problématique" politiquement, autrement dit, qui reproduira la domination. Le plus souvent l'attention se pose sur le langage, avec un biais intellectualiste, qui se fixe abusivement sur les mots et sur le théorique[1]. »

J'ai moi-même subi à deux ou trois reprises ces *shit storms*, ou « tempêtes de merde », comme on dit joliment sur Internet. Ce qu'on m'a reproché, c'est par exemple d'avoir eu des échanges avec une sénatrice féministe de gauche qui avait tenu des propos racistes par le passé (je continue de penser qu'on peut dialoguer avec elle si c'est pour faire passer nos idées dans les cercles de pouvoir, tout en respectant la position des féministes racisées qui estiment qu'elle est infréquentable) ou d'avoir mis en avant des discours d'hommes féministes sur le compte Instagram de mon émission (je continue de penser qu'on ne fera pas la révolution féministe sans les hommes, tout en respectant les militantes plus radicales qui estiment

---

1. *La Révolution féministe*, Aurore Koechlin, Éditions Amsterdam, 2019.

qu'il faut préserver la non-mixité au sein du mouvement féministe). Il est vrai que lire sur les réseaux sociaux des insultes venant de son propre camp ne fait pas plaisir. On se sent comme un animal blessé, on questionne sa légitimité tout en maudissant les méchantes personnes qui ont lancé l'assaut alors qu'on est de leur côté, on jure, promis, craché. Ma réaction a été, à la suite de l'une de ces tempêtes, de produire sur Twitter un long message qui contenait à peu près toutes les émotions qui me traversaient. Je ne formulerais pas les choses de la même façon aujourd'hui. Car je me méfie d'une petite musique qui monte ces derniers temps, des discours qui montrent du doigt le moindre «dérapage» des militantes féministes. On qualifie parfois ces prises de becs en ligne de «crêpages de chignon» (alerte cliché sexiste!). On dit que les militantes féministes n'iront jamais nulle part... Mais, à bien y réfléchir, je ne pense pas que la planète féministe soit tombée sur la tête.

Prenons mon cas. Oui, j'ai été humiliée publiquement pendant quelques jours, mais je continue à produire mon podcast, je continuerai à être invitée à intervenir dans des colloques, je n'ai pas perdu d'argent, je n'ai pas perdu d'ami·e et je n'ai pas perdu mon travail (alors que l'attaque groupée du Printemps républicain m'a coûté mon émission sur France Inter). Je rappelle que des militantes antiracistes ont dû quitter la France pour échapper au harcèlement subi en raison de leurs prises de position dans l'espace public – comme Fania

Présentes dans les médias

Noël Thomassaint[1], présidente du collectif afroféministe Mwasi, qui a dû s'exiler au Canada après avoir déclenché une vaste polémique à l'été 2016 en co-organisant un camp d'été décolonial[2]. Si une féministe dit une bêtise, c'est normal qu'elle puisse être interpellée par ses consœurs de lutte. C'est même important. Ces débats sont les lieux où se dessinent les lignes politiques. Le mouvement féministe est fait de nuances et ces moments de polémiques permettent de les mettre au jour et de les comprendre. Ils suscitent des questionnements salvateurs sur les structures de domination qui se reproduisent au sein même des groupes féministes. Si notre rôle est d'identifier les mécanismes de domination sociologiques, alors commençons par balayer devant notre porte.

Mais bien sûr, cette violence fait mal, surtout lorsqu'elle s'exerce sur une personne déjà précarisée, isolée ou à la santé mentale fragile, et qui trouve dans sa communauté «en ligne» parfois son seul soutien[3]. On

---

1. Autrice d'*Afro-communautaire, appartenir à nous-mêmes*, Syllepse, 2019.
2. Ce camp d'été de quatre jours, organisé par Fania Noël et la militante antiraciste Sihame Assbague, était réservé aux personnes «subissant à titre personnel le racisme d'État en contexte français». Il s'agissait d'ateliers excluant de fait les personnes blanches afin d'offrir un espace de rencontre et de réflexion, dans le même esprit que les rencontres non mixtes de femmes organisées dans le cadre du mouvement féministe. L'initiative est condamnée par des membres du gouvernement, des associations comme la Licra ou SOS Racisme et les médias conservateurs qui hurlent au «racisme anti-blanc». Le camp d'été aura finalement lieu, en dépit des milliers de messages d'insultes reçus par les militantes. Et sera même reconduit à l'été 2017.
3. À ce sujet, je vous renvoie vers la passionnante vidéo de la Youtubeuse américaine Contrapoints: «Canceling», publiée le 2 janvier 2020. Cette comédienne et militante féministe, femme trans très suivie en ligne, a elle-même

Présentes

pourrait donc peut-être fixer quelques règles du jeu pour que ces polémiques en ligne soient plus fructueuses et moins douloureuses. Par exemple, se méfier de la part d'irrationalité qui s'empare parfois des esprits dans ces périodes de confrontation en ligne et poussent à faire des bons mots sans se préoccuper de leurs conséquences sur celui ou celle qui est visé. Ici encore, il est question d'éducation à l'empathie et de garder à l'esprit l'être humain qui se trouve derrière l'avatar. On pourrait décider qu'il est important de lire entièrement les articles ou les travaux incriminés, plutôt que de se fier à une capture d'écran ou à un passage rapporté. On pourrait décider de parler de la polémique sans pour autant mentionner le compte de la personne incriminée, afin d'éviter de faire apparaître des dizaines de notifications sur sa page qui créent un effet de masse angoissant. On pourrait encore, comme Alice Coffin le suggère, faire le choix de ne pas condamner publiquement une femme, puisque, à coup sûr, un homme va se charger de le faire à un moment ou un autre. Ce qui n'empêche pas de critiquer un article, un travail ou un message, mais sans viser nominativement son autrice. Il n'est pas question de demander aux militant·e·s de «policer» leur langage ou de faire fi de leur colère. Comme le souligne Alice Coffin, «calmer la colère, c'est nier l'urgence. La colère est la base de tous les militantismes et il est nécessaire qu'elle s'exprime

---

été la cible d'une campagne d'«annulation». Elle en dénonce les effets sur la santé mentale de militant·e·s et les conséquences néfastes, à terme, pour les luttes féministes et LGBTQIA+.

Présentes dans les médias

dans le cadre du renversement des peurs. Il faut toutefois faire attention aux personnes sur lesquelles nous choisissons d'orienter notre colère». Nous devons collectivement trouver une façon de faire pour que ces débats se déroulent sans conséquences lourdes sur la santé des militantes. Car, si on n'y prend pas garde, toutes les voix féministes vont finir par déserter les réseaux sociaux et les personnes les plus visibles de ce milieu risquent d'avoir peur de prendre position. Au final, comme toujours, c'est aux femmes de se débrouiller, de créer des solidarités entre elles et de s'inventer des stratégies de survie et de contournement du danger.

Ce qui m'amène à cette idée qui me turlupine : cela n'arrangerait-il pas tout le monde que les réseaux sociaux soient le principal terrain d'expression des féministes ? Ne seraient-ils pas une sorte d'espace public au rabais, qu'on nous aurait concédé ? Oui, les réseaux sociaux permettent d'opérer des intrusions dans les espaces médiatiques et de créer des nouveaux rapports de force. Mais quel est donc cet espace public où l'on produit gratuitement du contenu qui ne nous appartient pas ? Quel est cet espace public où l'on encourt chaque jour le risque de laisser sa santé ? Que penser de cet espace public où l'on agit dans un cadre prédélimité, selon des règles établies par des ingénieurs quelque part en Californie, et où, à coup sûr, on va se prendre en pleine face des réactions négatives, voire une vague de cyberharcèlement ? La presse va mal, les quotidiens se vendent de moins en moins, n'empêche qu'une tribune

163

de Catherine Millet dans *Le Monde* aura toujours plus
de poids qu'un post du compte @agressively_trans sur
Instagram. Et qu'une prise de parole ministérielle sur
le harcèlement de rue aura bien plus de conséquences
qu'un site entretenu bénévolement depuis huit ans par
une militante. Pour que les questionnements féministes
atteignent l'agenda politique national, il faut qu'ils aient
été validés par une institution médiatique ou politique.

Et si on laissait les militantes féministes, antiracistes et
LGBTQIA faire mumuse sur les réseaux sociaux pour
qu'elles n'aillent pas trop chercher des noises ailleurs ?
Et si cela n'était pas un hasard que #balancetonporc
n'ait pas été grand-chose de plus en France qu'un
hashtag ? Je ne sais pas. Mais je sais que les féministes
qui militent aujourd'hui sur Internet, toutes les militantes
que je suis depuis des années et qui ont partagé avec moi
des concepts et des lectures, je ne les veux pas que sur
Internet. Je les veux à la télévision, dans les radios et dans
les rédactions. Je veux qu'elles dirigent des musées, des
boîtes de production et des maisons d'édition. Je veux
qu'elles cessent d'être circonscrites à l'univers virtuel
pour venir, enfin, peser dans le réel.

Chapitre 3

Présentes en résistance

1. Petit rappel des faits

Je pense qu'à ce stade de votre lecture, vous l'avez compris, on a un souci : 149 femmes ont été tuées en 2019 par leur conjoint ou par leur ex-conjoint[1]. Le mot « féminicide » est enfin entré dans le vocabulaire médiatique français, et le travail de certain·e·s journalistes a permis, depuis, de souligner qu'une bonne partie de ces femmes assassinées avaient alerté leurs proches et/ou déposé des mains courantes ou des plaintes, parfaitement conscientes qu'elles étaient en danger de mort. Selon une enquête du journal *Le Monde*, sur les 120 femmes tuées en 2018, un tiers d'entre elles avaient eu un contact avec les forces de l'ordre[2].

---

1. Décompte du collectif féministe Féminicides par compagnon ou ex et du collectif Nous Toutes.
2. « Dans les affaires de féminicides, les alertes négligées par les forces de l'ordre », *Le Monde*, 21 octobre 2019. Cathy Thomas, la sœur d'une victime de féminicide, Isabelle Thomas, assassinée en même temps que ses deux parents par son ex-conjoint en août 2014, a assigné l'État en justice pour faire reconnaître la responsabilité des autorités dans ce triple meurtre. Isabelle Thomas avait alerté la gendarmerie à trois reprises avant d'être tuée. En

165

Présentes

Pendant la période de confinement du printemps 2020, durant laquelle des femmes se sont retrouvées enfermées avec des maris violents, les plaintes pour violence conjugale ont augmenté de 36 % en France[1]. On estime à 219 000, chaque année, le nombre de Françaises de 18 à 75 ans victimes de violences conjugales[2]. Parmi elles, combien de femmes dont les cris d'alerte seront minimisés ou relativisés ? Combien sont en danger de mort ? Le Grenelle des violences conjugales, organisé en septembre 2019 par le gouvernement, a fortement déçu les associations[3]. Comme le montre un rapport du Haut Conseil à l'Égalité entre les femmes et les hommes, le budget gouvernemental

---

avril 2020, l'État a été condamné pour « faute lourde », ainsi qu'à verser 100 000 euros de dommages et intérêts à la famille d'Isabelle Thomas.

1. Marlène Schiappa, secrétaire d'État à l'égalité entre les femmes et les hommes, France Inter, 21 mai 2020.

2. Enquête « Cadre de vie et sécurité », Insee-ONDRP-SSMSI. Ce nombre est une moyenne obtenue à partir des résultats des enquêtes réalisées entre 2012 et 2018.

3. « La déception est à la hauteur de l'immense attente soulevée ces derniers mois. De nombreuses mesures annoncées existent déjà [...] On attendait des mesures de prévention à l'école, des mesures de formation, des places d'hébergement dédiées et financées », communiqué de presse du collectif Nous Toutes, novembre 2015.

« Toutes les mesures qui nécessitent de l'argent n'ont pas été prises. À la base du Grenelle, il y avait une demande d'argent, et là, on se retrouve avec un Grenelle sans argent », Anne-Cécile Mailfert, présidente de la Fondation des femmes, « Violences conjugales : les associations déplorent l'absence de moyens dégagés par le Grenelle », *Le Monde,* novembre 2019.

« On ne veut pas toucher à ce qu'on estime être la liberté des hommes. On est encore dans le conte du Petit Chaperon rouge. On préfère laisser le loup en liberté et laisser les femmes devenir des victimes. On n'est pas dans l'idée de s'en prendre vraiment à l'agresseur », conclusion de Julia, membre du collectif Féminicides par compagnon ou ex, France Inter, 31 décembre 2019.

Présentes en résistance

alloué aux droits des femmes est passé de 29,6 millions en 2016 à 22 millions en 2017, première année du mandat d'Emmanuel Macron, soit une diminution de 25%. Autre chiffre hilarant : ce budget équivalait en 2017 à 0,006 % du budget de l'État[1]. Non, je n'ai pas fait de faute de frappe, il y a bien deux zéros derrière la virgule. Pour comprendre tout le potentiel comique de ce chiffre, il faut se rappeler qu'Emmanuel Macron, en novembre 2017, annonçait avec des trémolos dans la voix que les droits des femmes seraient la « grande cause » de son quinquennat[2].

Poursuivons. En France, en 2018, 94 000 femmes majeures ont déclaré avoir été victimes de viol ou de tentatives de viol au cours de l'année[3]. On estime qu'une femme sur dix seulement ose déclarer qu'elle a été victime, en raison de tous les mécanismes de silenciation que vous devez commencer à connaître par cœur. Le nombre de femmes victimes approcherait donc du million… Comme je l'ai rappelé, dans l'imaginaire collectif un viol est perpétré par un inconnu qui surgit la nuit dans une rue mal éclairée. Alors que la plupart des violences sexuelles subies par les femmes ont lieu dans la sphère privée ou au travail. Dans 91 % des cas, les

---

1. « Où est l'argent pour les droits des femmes ? Une sonnette d'alarme », Conseil économique social et environnemental, Fondation des femmes, Fonds pour les femmes en Méditerranée, Haut Conseil à l'Égalité entre les femmes et les hommes, Comité ONU Femmes France et W4 France, 15 septembre 2016.
2. Discours d'Emmanuel Macron à l'Élysée, le 25 novembre 2017.
3. Lettre n° 14 de l'Observatoire national des violences faites aux femmes, novembre 2019.

Présentes

femmes connaissent leurs agresseurs[1]. Les violeurs sont des patrons, des collègues, des pères, des grands-pères, des oncles, des maris. Dans 47 % des cas, les viols sont commis par des conjoints ou des ex-conjoints. La notion de «viol conjugal» n'a été reconnue par les tribunaux qu'en 1992[2]. Jusqu'alors, il était couvert par le «devoir conjugal» défini par le Code civil de 1804. Mais il a fallu attendre 2006 pour que le viol conjugal entre dans la loi, le législateur stipulant alors que «le consentement des conjoints aux relations sexuelles n'est présumé que jusqu'à preuve du contraire[3]». Il était temps.

Vu l'émergence récente de cette notion dans le droit français, on mesure à quel point l'idée selon laquelle les violences au sein du couple sont des «histoires privées» est ancrée. Croyance qui cohabite avec une multitude de stéréotypes sur les violences sexistes et sexuelles, rendant presque impossible la prise de parole des victimes. Y compris lorsqu'il s'agit de porter plainte. Selon une enquête auprès de 500 femmes ayant porté plainte pour violences sexuelles, menée en mars 2018 par le collectif

---

1. Enquête «Cadre de vie et sécurité», Insee-ONDRP-SSMSI. Ce nombre est une moyenne obtenue à partir des résultats des enquêtes réalisées entre 2012 et 2018.
2. En 1990, la Cour de cassation reconnaît le crime de viol dans le cadre du mariage, tout en précisant que la qualification de viol «n'exclut pas les actes de pénétration sexuelle entre personnes unies par les liens du mariage». Ce n'est que deux ans plus tard, le 11 juin 1992, qu'elle stipule explicitement : «La présomption de consentement des époux aux actes sexuels accomplis dans l'intimité de la vie conjugale ne vaut que jusqu'à preuve du contraire.»
3. Loi n° 2006-399, du 4 avril 2006, renforçant la prévention et la répression des violences au sein du couple ou commises contre les mineurs.

Présentes en résistance

féministe Le Groupe F et la plateforme en ligne Paye ta police[1], dans 60% des témoignages, les femmes ont essuyé un refus ou dû insister pour porter plainte («Vous êtes sûre? Vous avez conscience des conséquences?»). Dans plus de 50% des cas, les forces de l'ordre ont douté de la gravité des faits («On ne vient pas au commissariat pour des histoires de couple»). 40% des sondées racontent que leur tenue vestimentaire, leur comportement et leur consommation d'alcool ont été évoqués («Vous avez fait quelque chose qui aurait pu lui laisser croire que vous étiez intéressée?»). Dans un cas sur cinq, elles ont vu s'exprimer la solidarité des forces de l'ordre avec l'agresseur («Vous allez lui gâcher la vie, vous en avez conscience?»). Les moqueries, les propos sexistes, racistes et/ou homophobes reviennent dans 18% des témoignages («Vous vous teniez la main avec votre amie? Vous provoquez, aussi!»). Voilà. En France, on continue de «lutter» contre le viol en donnant des conseils aux femmes dans les commissariats et en laissant se déployer, à la télévision, à la radio et dans la presse, la culture du viol dans toute sa splendeur, à travers les blagounettes de vieux messieurs qui vouent un culte à la gaudriole et dénoncent le féminisme comme «un nouveau maccarthysme[2]».

Dans ce livre, je me suis concentrée sur l'espace public, mais il y a mille endroits dans la société où les

---

1. Enquête «#PayeTaPlainte : 500 femmes racontent leur accueil en gendarmerie ou commissariat», Le Groupe F, mars 2018.
2. Expression employée par le réalisateur Jean-Jacques Beineix dans *Marianne*, février 2020.

Présentes

droits des femmes sont mis en péril. Je vais me permettre une petite énumération, histoire de nous remettre les idées au clair avant de poursuivre.

La réflexion sur les violences gynécologiques et obstétricales s'ouvre à peine dans notre pays. Le *Livre noir de la gynécologie*, de Mélanie Déchalotte[1] (First Éditions, 2017), montre, à travers une multitude de témoignages, qu'à l'hôpital et dans les cabinets gynécologiques, les femmes sont régulièrement maltraitées, violentées, ignorées. La militante et juriste belge Marie-Hélène Lahaye explique dans cet ouvrage : « Si les violences gynécologiques et obstétricales ne sont pas encore reconnues comme des violences spécifiques faites aux femmes, les mêmes mécanismes de déni et d'inversion de culpabilité œuvrent pour museler les victimes et maintenir un système de domination patriarcale. Honte et culpabilité. Ces deux sentiments, qu'éprouvent la plupart des victimes, empêchent aussi la libération de la parole. » Les intuitions des patientes sont balayées d'une pichenette par des gynécologues qui continuent d'infliger sans consentement aux femmes qui accouchent des épisiotomies et des « points du mari » (suture consistant à « resserrer » le vagin d'une patiente après une épisiotomie). Chacune serre les dents, souffre en silence, dans

---

1. Après la réalisation d'un épisode consacré au consentement et aux violences en obstétrique et en psychiatrie dans le cadre de l'émission « La série documentaire » sur France Culture (« La relation soignant/soigné », diffusée en novembre 2017), la journaliste Mélanie Déchalotte a continué d'interroger des femmes sur leurs expériences dans le cadre gynécologique et obstétrique. Le résultat de ces entretiens se trouve dans cet ouvrage.

Présentes en résistance

son coin, faute d'avoir reçu, à l'école, dans les médias ou au sein de leur famille, une éducation sexuelle digne de ce nom. Ici encore, les réseaux sociaux jouent un rôle essentiel dans la réappropriation des savoirs par les femmes. Début 2020, l'émergence du hashtag #MonPostPartum[1] a permis à des milliers de femmes de partager leurs expériences post-accouchement, plus traumatisantes les unes que les autres. Ce qu'il y a de plus émouvant à la lecture de ces témoignages n'est pas tant la violence des sensations décrites que la solitude dans laquelle celles-ci ont été endurées. Les jeunes mères découvrent les conséquences physiologiques de l'accouchement au moment où elles sont le plus fragilisées. Rien ne les y prépare, car un tabou culturel persistant pèse sur ce moment que les célébrités dans les magazines, tout comme la plupart des mères ou des grands-mères, ne s'autorisent pas à décrire autrement que comme «le plus beau jour de leur vie».

C'est tout bonnement hallucinant de réaliser à quel point ce qui concerne le corps des femmes a été silencié au fil de l'histoire de la science. Vous vous rendez compte qu'il a fallu que j'attende d'avoir 35 ans pour savoir à quoi, exactement, ressemblait mon clitoris? C'est-à-dire à un grand et bel organe de 11 à 14 centimètres de

---

1. Le hashtag a émergé sous l'impulsion de la doctorante en sociologie et militante féministe Illana Weizman après la censure, aux États-Unis, d'une publicité de la marque Frida Mom (spécialisée dans les produits soulageant le post-partum) qui devait être diffusée pendant la cérémonie des Oscars par la chaîne ABC. Jugé «trop cru», le spot d'une minute mettait en scène avec réalisme une femme souffrant des séquelles de son accouchement.

Présentes

long dont la partie externe – ce fameux «bouton» qui était la seule image dont je disposais jusqu'alors – ne représente qu'un dixième de la taille ; je ne peux pas résister ici au plaisir de rappeler qu'un pénis mesure en moyenne entre 7,5 et 11,5 cm. Parfaitement connu, identifié et représenté dans les manuels d'anatomie dès le XVIe siècle, le clitoris a disparu des livres de médecine au début du XXe siècle, sous l'impulsion de savants misogynes ne voyant pas l'intérêt d'étudier un organe qui, au fond, n'avait aucune utilité reproductive – ben oui, qu'est-ce qu'on en a à faire de la lubrification du vagin, après tout ? Pour que ce savoir reprenne la place qu'il mérite, il a fallu le travail de militantes et de chercheuses. Saluons ici Odile Fillod, chercheuse indépendante spécialisée dans les questions de genre, qui a eu en 2016 l'idée géniale de proposer à toutes et à tous une modélisation de clitoris à imprimer en 3D. C'est le jour où j'en ai eu un entre les mains que j'ai compris à quel point les représentations que je m'étais faites de mon propre corps étaient erronées. Le modèle dudit clitoris est désormais en accès libre sur Internet[1]. À la rentrée 2017, en France, il n'existait qu'un seul manuel scolaire de collège qui le représentait correctement, celui des éditions Magnard[2]. À la rentrée 2019, nouvelle réjouissante, cinq manuels sur sept représentaient le clitoris, mais non sans biais sexistes. Interviewée par *Libération*,

---

1. Sur le site d'Odile Fillod : https://odilefillod.wixsite.com/clitoris.
2. Manuel *SVT Cycle 4*, Magnard, 2017.

172

Présentes en résistance

Odile Fillod a relevé que «la fonction du clitoris n'est généralement pas indiquée» et qu'«il reste parfois défini comme un organe de petite taille, alors qu'il est de taille comparable au vagin ou à l'utérus». Bref, on est loin du compte. En 2017, un médecin très médiatique a publié un livre pour expliquer le fonctionnement du corps aux enfants[1]. On y trouve un schéma des appareils génitaux des deux sexes : la «zézette» de la petite fille y est décrite par la juxtaposition de deux organes, l'urètre et la vessie, tandis que celui du petit garçon, le «zizi», dispose de moult détails (vessie, urètre, testicules, gland, prépuce, scrotum). Aux protestations des féministes qui trouvaient grave qu'on n'explique pas aux petites filles que leurs «zézettes» ne servaient pas qu'à faire pipi, la maison d'édition a répondu qu'«on ne parle pas d'utérus et de clitoris à une petite fille». De toute évidence, parler de gland et de testicules à un petit garçon, c'est très différent.

Comme d'habitude, faute de pouvoir s'appuyer sur le corps médical ou l'Éducation nationale pour faire le boulot, les femmes s'organisent entre elles, y compris quand il est question de désir et de plaisir féminins, grands oubliés de la conversation que notre nation pourtant si portée sur la chose entretient sur la sexualité. Il a donc fallu que les femmes s'inventent des espaces en ligne pour parler de sexualité[2]. Il a fallu briser les

---

1. *Quand ça va, quand ça va pas,* Michel Cymes, Les éditions Clochette, 2017.
2. Comptes Instagram @jouissance.club, @jemenbatsleclito ou @clitrevolution, podcasts *Clitosaure, Me My Sex and I* ou *Voxxx.*

Présentes

croyances selon lesquelles certaines femmes seraient vaginales et d'autres clitoridiennes, qu'il existerait une catégorie mystérieuse de partenaires appelées «femmes fontaines» ou que la pénétration serait l'aboutissement de tout rapport sexuel. (Dans le doute, je me permets de vous rappeler que toutes les femmes sont clitoridiennes, que toutes les femmes peuvent éjaculer et qu'un rapport sexuel sans pénétration est un rapport sexuel. De rien.) Et puisqu'on n'est décidément jamais mieux servie que par soi-même quand on est une femme et qu'il est question de sexualité (je vous recommande au passage le site féministe consacré à la masturbation OMGyes), elles ont aussi écrit des livres pour venir combler tous ces savoirs manquants[1]. On peut notamment citer la réédition en 2020 d'un livre collaboratif, *Notre corps, nous-mêmes*[2], version actualisée d'un ouvrage qui avait marqué la seconde vague féministe lors de sa publication aux États-Unis en 1973, et de sa première adaptation par un collectif de femmes en France en 1977[3]. Ce recueil,

---

1. Parmi ces ouvrages sur le corps et la sexualité des femmes : *Le Sexe selon Maïa. Au-delà des idées reçues*, Maïa Mazaurette, La Martinière, 2020 ; *Jouir. En quête de l'orgasme féminin*, Sarah Barmak, Zones, 2019 ; *Je m'en bats le clito!*, Camille, Kiwi, 2019 ; *Entre mes lèvres, mon clitoris. Confidences d'un organe mystérieux*, Alexandra Hubin et Caroline Michel, Eyrolles, 2018 ; *Jouissance Club*, Jüne Plã, Marabout, 2020.
2. *Notre corps, nous-mêmes*, Hors d'atteinte, 2020.
3. Ce livre, intitulé en version originale *Our Bodies, Ourselves*, était l'œuvre d'un collectif, le Boston Women's Health Book Collective, composé de 12 femmes alors âgées de 23 à 39 ans. En s'appuyant sur leurs expériences personnelles, elles ont créé un outil incontournable pour les femmes américaines, qui a aidé à transmettre des savoirs essentiels au sujet des règles, de la contraception, de la maternité mais aussi du plaisir féminin. Ce livre a ensuite été adapté dans plus de 35 pays, en plus de 35 langues, notamment en français en 1977,

Présentes en résistance

longue succession de témoignages de femmes sur leurs corps et leur sexualité dans toutes les étapes de la vie, est un outil précieux pour pallier les manquements du corps médical à leur endroit.

Puisqu'on parle de corps : aujourd'hui, dans le monde, 47 000 femmes meurent chaque année des suites d'un avortement clandestin[1]. Depuis la loi Veil de 1975, le nombre des IVG, en France, n'a quasiment pas bougé : il oscille entre 200 000 et 250 000 avortements par an[2]. Et ce malgré les assouplissements successifs[3] qui ont été apportés à la loi. Le recours à l'avortement est une fatalité, quelque chose qui surviendra toujours dans la vie d'au moins un tiers des femmes, les féministes le martèlent depuis des décennies. Pourtant, ce droit est menacé partout, y compris en France. Déjà parce que l'accès aux lieux où l'on peut y avoir recours ou se renseigner à son

---

dans une version qui a trôné dans les bibliothèques féministes et les centres de Planning familial. À chaque nouvelle édition, des groupes de femmes se constituaient pour mettre en commun leurs connaissances et faire de ces manuels des reflets de l'époque et du lieu. En 2020, la version française de cet ouvrage a été actualisée pour tenir compte des vécus des femmes trans et des femmes handicapées. Elle offre une meilleure représentation des femmes non blanches et des femmes lesbiennes et fait état des récentes avancées législatives et médicales concernant la santé reproductive.

1. Haut Conseil à l'Égalité entre les femmes et les hommes, septembre 2014.
2. «Évolution du nombre d'interruptions de grossesse en France entre 1976 et 2002», Clémentine Rossier et Claudine Pirus, revue *Population*, vol. 62, 2007.
3. 1979 : création d'un service d'interruption de grossesse dans tous les établissements hospitaliers publics; 1982 : remboursement des interruptions de grossesse par la Sécurité sociale; 1989 : autorisation de la technique médicamenteuse; 2001 : prolongation du délai de recours de dix à douze semaines de grossesse et abandon de la nécessité du consentement parental pour les mineures.

Présentes

sujet est de plus en plus restreint. Les centres de Planning familial voient leurs subventions baisser d'année en année et les maternités ferment à un rythme effréné (entre 1997 et 2019, la France a perdu 338 maternités sur 835[1]). La menace est également politique et médiatique. En France, en décembre 2016, un puissant site militant anti-avortement est parvenu à se hisser parmi les premiers résultats de recherches Google comprenant les mots-clés «IVG» et «avortement», devant le portail officiel du gouvernement. Le moteur de recherche a depuis supprimé la possibilité de faire de la publicité autour de ces thématiques, mais ce site a trouvé un autre moyen de diffusion via Facebook, l'algorithme du réseau social lui permettant de cibler des profils de jeunes femmes afin d'y faire apparaître leur propagande sous forme de contenu sponsorisé[2]. En janvier 2019, la si mal nommée Marche pour la vie, initiée par des militants et militantes anti-IVG, rassemblait à Paris près de 7 500 personnes[3]. Et puis, dans l'espace public, on continue de voir fleurir sur les murs des villes des campagnes anti-IVG très bien réalisées, onéreuses, commandées par des groupes disposant de moyens importants, qui estiment que la vie des femmes passe après celle de l'embryon qu'elles portent dans l'utérus. Dernier exemple en date : les campagnes anti-avortement

---

1. Enquête *Le Monde* et Inra, 21 mars 2019.
2. «Les anti-IVG ciblent les jeunes femmes grâce aux publicités sur Facebook», *Le Monde*, 11 juillet 2018.
3. «La "marche pour la vie" rassemble des milliers d'opposants à l'IVG à Paris», *Le Parisien*, 20 janvier 2019.

Présentes en résistance

et anti-PMA de l'association «pro-vie» Alliance Vita qui ont envahi les gares de Paris en janvier 2020[1]. Pendant le confinement du printemps 2020, en plein pic d'épidémie de coronavirus, malgré les appels insistants du Planning familial, d'associations féministes et de certaines élues, le gouvernement a refusé de rallonger les délais de recours à l'IVG chirurgical, alors que la situation sanitaire empêchait les femmes de consulter. À l'issue de cette période, le Planning familial a enregistré une hausse de 150% des appels pour des demandes d'IVG hors délai.

L'endométriose, maladie de l'utérus qui touche 10% des femmes, cause de douleurs abominables et de problèmes de stérilité chez 30 à 40% d'entre elles, met toujours en moyenne sept ans à être diagnostiquée[2]. Pourquoi? Parce qu'on a appris aux femmes à se taire si elles avaient mal, et au personnel soignant à répondre «c'est normal» à une femme qui dit qu'elle souffre. Ce phénomène s'accentue pour les femmes non blanches, victimes de ce qu'on appelle «le syndrome méditerranéen», la croyance raciste, notamment dans les services d'urgence, que les femmes originaires de pays du Maghreb ou d'Europe du Sud auraient tendance à exagérer leur douleur[3].

---

1. Cet affichage a été rapidement supprimé par la régie publicitaire MediaTransports, qui estimait qu'il s'agissait là d'un message militant n'ayant pas sa place dans l'espace public; un tribunal saisi par l'association a immédiatement demandé le réaffichage de la campagne.
2. Associations Endofrance, Info-Endométriose et ENDOmind.
3. Après la mort de Naomi Musenga, une jeune femme de 22 ans que le standard téléphonique du Samu de Strasbourg avait accueilli par des railleries

Présentes

D'ailleurs, le référent pour toutes les recherches scientifiques, pharmaceutiques, technologiques, continue d'être un homme blanc de 70 kilos, si bien que ni les traitements médicaux, ni les ceintures de sécurité des voitures, ni l'intelligence artificielle ne sont adaptés aux besoins des femmes et encore moins à ceux des femmes racisées. «La plus grande partie de l'histoire de l'humanité se réduit à une vaste absence de données, explique la journaliste et militante féministe britannique Caroline Criado-Perez dans son ouvrage consacré au sujet[1]. Ces silences et ces absences ont des conséquences. Ils ont des effets sur la vie quotidienne des femmes. C'est parfois relativement mineur. Par exemple, quand une femme frissonne dans des bureaux où la température a été réglée selon la norme masculine, ou bien quand une femme a du mal à atteindre une étagère installée à hauteur d'homme. C'est irritant, très certainement, c'est injuste, sans aucun doute, mais ça n'est pas potentiellement mortel. Ce n'est pas comme avoir un accident dans une voiture dont les normes de sécurité ne tiennent pas compte des mensurations des femmes. Ce n'est pas

---

et qui était décédée quelques heures plus tard d'un arrêt cardiaque, une enquête en ligne a été menée par les associations Lallab, Féministes contre le cyberharcèlement, Le Groupe F et le site Paye ta shnek. 49 % des 1 022 témoignages attestent que leurs propos ont déjà été remis en doute par les personnels d'accueil des urgences. La propension augmente à 55 % quand il s'agit de personnes au nom à consonance arabe ou berbère et à et 60 % pour les femmes portant un nom à consonance arabe.

1. *Femmes invisibles. Comment le manque de données sur les femmes dessine un monde fait pour les hommes*, Caroline Criado-Perez, First, 2020.

Présentes en résistance

comme avoir une maladie cardiaque non diagnostiquée parce que vos symptômes sont jugés atypiques.»

Comment espérer que cet état des choses change si le gros des laboratoires restent dirigés par des hommes ? Comment lutter contre des logiciels de recrutement bourrés d'algorithmes sexistes (par exemple, pour un poste de direction, l'intelligence artificielle va chercher un homme, car elle se fonde sur les données existantes, qui montrent que ce type de postes est en majorité occupé par des hommes[1]), si les ingénieurs et les programmateurs restent, massivement, des hommes ?

Depuis des décennies, on sait que des milliers de jeunes filles et de femmes s'affament en raison des injonctions à la minceur diffusées par les industries de la mode et de la beauté. Pourtant, on continue de voir défiler sur les podiums des mannequins sous-alimentées et à vendre dans les boutiques des vêtements qui ne vont jamais au-delà de la taille 44. Bien sûr, certaines marques de mode ont compris qu'il fallait, de temps en temps, mettre en photo une femme grosse, handicapée ou âgée, mais ces images opportunistes ne pèsent pas grand-chose face à l'écrasante majorité de jeunes sylphides posant dans les campagnes de publicité.

Grâce à la prise de parole des femmes concernant la charge mentale dans le foyer (un grand merci à la dessinatrice de BD Emma d'avoir vulgarisé ce

---

1. Voir à ce sujet *L'Intelligence artificielle, pas sans elles!*, Aude Bernheim et Flora Vincent, collection «Égale à égal», Laboratoire de l'égalité-Belin, 2019.

Présentes

concept[1]), la discussion sur la charge domestique, qui continue de peser de tout son poids sur les épaules des femmes dans les couples hétérosexuels, a commencé à s'ouvrir au sein des foyers. Mais, rien ne change. En 2019, 73 % des Françaises effectuaient toujours plus de tâches ménagères que leurs conjoints[2]. Et c'est une réalité qui touche tous les milieux. Pendant le confinement du printemps 2020, on a observé une chute des contributions de femmes chercheuses dans les revues scientifiques au niveau mondial, tandis que les contributions masculines augmentaient de 50 %. En cause ? L'assignation accrue des femmes, pendant cette période, à l'entretien du foyer, à «l'école à la maison» et à la préparation des repas. Bref, ce «plafond de mère» qui freine l'épanouissement intellectuel et professionnel de la plupart des mères en couple hétérosexuel[3].

Pour ma part, cela fait bientôt quatre ans que je répète partout où je le peux qu'il est intolérable de continuer de véhiculer un féminisme qui ne soit pensé que pour les femmes blanches, hétérosexuelles et valides. Pourtant, chaque jour, je reçois une invitation à participer à un débat, à une émission de radio ou à une table ronde

---

1. En mai 2017, Emma a publié sur son blog et sur sa page Facebook une planche intitulée «Fallait demander» qui raconte la façon dont l'organisation des tâches domestiques, même si l'exécution en est déléguée au conjoint, représente une charge en soi : la charge mentale. En quelques heures, sa publication est devenue virale.
2. Étude «Le sentiment d'équité dans la répartition des tâches ménagères au sein du couple», Ifop et Consolab, octobre 2019.
3. «Women academics seem to be submitting fewer papers during coronavirus», The Lily, 21 mai 2020.

Présentes en résistance

où 100 % des participantes sont des femmes blanches, hétérosexuelles et valides. Franchement, je suis fatiguée. J'ai une réponse toute faite dans mon ordinateur qui me permet de décliner l'invitation tout en soumettant une liste de militantes racisées, LGBTQIA ou handicapées pouvant avantageusement me remplacer.

Tout ça pour vous faire comprendre ce qu'on peut ressentir, en France, en 2020, quand on est une militante féministe : la douce impression d'uriner dans un instrument à cordes. J'aimerais ne plus entendre que le féminisme constitue une sorte de police de la pensée qui obligerait la société à se conformer à sa vision. Personne n'écoute les féministes, tout continue comme avant et la résistance aux micro-changements que nous impulsons est, je le déplore, bien plus puissante que notre mouvement. J'aimerais aussi qu'on arrête une bonne fois pour toutes de répéter : «En France, ça va.» Oui, merci, je sais qu'en Inde quatre cas de viols sont rapportés toutes les heures et que des fillettes y sont encore mariées de force. Mais c'est quoi cette façon de penser? On ne va jamais dire : ma toiture fuit, je n'ai pas de fenêtres, mais c'est pas grave puisque le voisin vit dans une cabane pourrie! Donc on arrête. On arrête de clamer, comme le ministre de l'Éducation nationale[1] au cours d'une interview, que «la France est toujours à la pointe du féminisme[2]». On va regarder la vérité en face, retrousser nos manches et

1. Jean-Michel Blanquer.
2. France Inter, 27 novembre 2018.

Présentes

réfléchir ensemble à la meilleure façon de nous sortir de cette situation. Cette situation étant la domination des femmes par les hommes dans le cadre d'un vaste système en béton armé qui s'appelle, vous en êtes maintenant sans doute convaincu·e, le patriarcat.

Si j'ai énuméré toutes ces situations sexistes, c'est aussi pour attirer votre attention sur quelque chose : il y a une racine commune à tout cela, le fait qu'encore et toujours les femmes ne sont pas entendues et pas crues. Toutes les situations de violence décrites découlent d'un seul et même mécanisme : la silenciation. Et c'est très exactement ce qu'écrit Nancy Fraser, la philosophe américaine évoquée dans l'introduction de ce livre. Vous savez, celle qui critiquait la version édulcorée de l'espace public proposée par Jürgen Habermas. Dans son essai *Rethinking the Public Sphere. A contribution to the Critique of Actually Existing Democracy* (*Repenser la sphère publique : une contribution à la critique de la démocratie telle qu'elle existe réellement*), elle souligne, en s'appuyant notamment sur l'histoire de la Révolution française, que dans l'espace public il existe bel et bien deux types de discours. Celui qu'élaborent les hommes dans l'espace public, généralement qualifié de «rationnel», «vertueux», «viril», et celui que construisent les femmes dans des espaces privés (sous la Révolution, les salons), souvent décrit comme «artificiel», «efféminé», «aristocratique». «Ainsi, des constructions mentales sexuées, masculinistes, ont été intégrées dans la conception même de la sphère publique républicaine, tout comme la logique qui a conduit, à l'apogée

Présentes en résistance

de la période jacobine, à l'exclusion officielle des femmes de la vie politique», écrit Nancy Fraser, avant de faire remarquer qu'en anglais le mot *testimony* (témoignage) a la même racine que «testicule». Ça sera tout pour moi, merci.

Sans rire, vous avez déjà essayé de mettre le mot «témoin» au féminin? Ça fait des siècles qu'on associe le discours des femmes à une certaine forme d'irrationalité, voire d'hystérie, qui préconditionne toutes leurs prises de parole publiques et façonne les perceptions de leurs discours. Les femmes sont condamnées à être les Cassandre de la société, celles qui disent toujours la vérité et qu'on ne croit jamais. (Le saviez-vous? Dans la mythologie grecque, Cassandre est une belle jeune femme, très au goût d'Apollon qui la harcèle méthodiquement, ou plutôt la «drague lourdement» pour parler comme Catherine Deneuve. Comme elle ne répond pas à ses avances, le dieu de la poésie, de la médecine et du Soleil la maudit et la condamne à ne plus jamais être crue. Je vous laisse méditer là-dessus).

À la réflexion de Nancy Fraser, il est essentiel d'ajouter celle, tout aussi révolutionnaire, de la chercheuse et critique littéraire indienne Gayatri Chakravorty Spivak, considérée comme l'une des pionnières des études postcoloniales. Dans un livre culte de 1988, intitulé *Les subalternes peuvent-elles parler?*[1], elle se penche sur le cas de la *satî* (rituel selon lequel les veuves

---

1. Traduit sous ce titre en français par les Éditions Amsterdam en 2006.

accompagnent leur mari dans la mort en se jetant dans les flammes du bûcher funéraire) et sur l'interprétation qui en était faite par l'idéologie britannique coloniale. La chercheuse constate que ces femmes sont prises en étau entre deux incapacités de dire. D'un côté, le système traditionnel les enferme dans le silence et les réduit à cette pratique. De l'autre, le discours colonial, qui se pare des atours de la bienveillance, veut les sauver de leur tradition en interdisant la pratique de la *satî*. Gayatri Spivak pose la question : où se loge la capacité de parler et d'agir de ces femmes ? Nulle part. Il n'existe aucun espace où leurs paroles puissent être considérées comme rationnelles. À la question «Les subalternes peuvent-elles parler ?», Gayatri Spivak répond non. Elles ne seront jamais sujets, elle seront toujours «parlées» par d'autres. Si vous avez bien suivi, ces mots résonnent avec ce que Hanane Karimi expliquait concernant les femmes musulmanes portant le voile, prises en étau entre un ordre patriarcal à l'intérieur de leur communauté et un ordre raciste qui les muselle à l'extérieur. Ici encore, la clé, c'est de permettre aux dominées de prendre la parole pour elles-mêmes. Voilà pourquoi les «solutions» que je m'apprête à vous proposer ont pour objectif de briser ce mécanisme de silenciation.

Avant cela, une précision : la silenciation des femmes repose sur un mécanisme solide, une astuce imparable qui permet d'être vraiment sûr qu'elles ne viennent pas la ramener : la domination économique ! Pour qu'une femme puisse porter plainte, consacrer du temps et de

Présentes en résistance

l'énergie à obtenir justice et à se protéger d'un conjoint violent, il faut qu'elle ait de l'argent. Pour qu'une femme puisse faire de la recherche, écrire un livre, réaliser un film ou créer un podcast, il faut qu'elle ait de l'argent. Pour qu'une femme puisse prendre soin de sa santé, consulter des médecins, recouper des diagnostics, il faut qu'elle ait de l'argent. Or, en France, les femmes continuent d'être payées en moyenne 18,5 % de moins que les hommes pour un travail équivalent à temps plein[1]. Chaque année, le Mouvement pour l'égalité salariale, lancé en France par l'économiste féministe Rebecca Amsellem, appelle les femmes à la grève à une date symbolique, qui marque le moment où elles commencent à travailler «bénévolement» en raison de cet écart. En 2019, c'était le 5 novembre à 16h47.

Il n'existe pas – êtes-vous surpris·e ? – de chiffres concernant les inégalités de salaires entre personnes blanches et personnes racisées en France. Mais pour info, aux États-Unis, les femmes noires gagnent en moyenne 39 % de moins que les hommes blancs pour un travail équivalent, et 21 % de moins que les femmes blanches[2]. À l'échelle internationale, Oxfam, une ONG qui lutte contre la pauvreté et les inégalités, a démontré, dans son rapport annuel de 2020, que les femmes et les filles assument chaque jour l'équivalent de 12,5 milliards

---

1. «Les inégalités de salaires entre les femmes et les hommes : état des lieux», Observatoire des inégalités, mars 2019.
2. Étude «The Gender Wage Gap : 2018 ; Earnings Differences by Gender, Race, and Ethnicity», Institute for Women's Policy Research, septembre 2019.

Présentes

d'heures de travail non rémunéré, travail principalement axé sur le soin (auprès des enfants, des malades,
des personnes âgées…) dont la valeur représenterait
une somme d'au moins 10,8 milliards de dollars si
elles étaient payées[1]. «L'exploitation des femmes est la
base de toute réflexion sur les rapports entre classes de
sexe, quelle que soit son orientation théorique», écrit la
sociologue Colette Guillaumin dans son livre *Sexe, race et
pratique du pouvoir. L'idée de la nature* (Éditions iXe, 2016),
dans la droite ligne des travaux des chercheuses féministes
matérialistes[2] (que je vous invite très fort à lire, et dont les
ouvrages sont référencés dans la bibliographie). Même les
femmes les plus favorisées sont disqualifiées économiquement. Les cheffes d'entreprise qui veulent lever des fonds
galèrent : d'après une étude publiée en septembre 2019
par le collectif Sista[3], les start-up françaises dirigées par
des femmes ont 30% moins de chances d'être financées
par des investisseurs que celles dirigées par des hommes,
elles reçoivent 2,5 fois moins de fonds lorsqu'elles sont
financées et ne concentrent que 2% de l'ensemble des
fonds investis depuis 2008[4]! Alors que les investisseurs
continuent d'injecter des millions dans des start-up qui

---

1. Rapport «Celles qui comptent», Oxfam, janvier 2020.
2. Christine Delphy, Nicole-Claude Mathieu, Colette Guillaumin, Paola Tabet
   ou encore Monique Wittig.
3. Sista est un collectif de dirigeantes d'entreprise qui œuvrent en faveur de la
   féminisation des entreprises du numérique et pour l'accélération du financement des femmes entrepreneures.
4. Baromètre Sista/Boston Consulting Group : «Les conditions d'accès au
   financement pénalisent les créatrices de start-up», septembre 2019.

n'atteignent jamais l'équilibre financier (on attend encore le jour où Uber deviendra rentable), les projets d'entreprise portés par des femmes sont estimés moins ambitieux, moins susceptibles de rapporter gros. Ça suffit! Les femmes ont besoin d'argent pour leurs projets, pour leurs vies, pour leur santé. On a besoin d'argent pour la recherche sur les femmes, pour la promotion du travail des femmes, pour la lutte contre les violences faites aux femmes, pour l'émancipation et l'indépendance des femmes. Donc, le patriarcat : rends l'argent. Et maintenant, voici le plan.

2. Permettre aux femmes de dire «je»

Parmi toutes les choses que j'ai comprises pendant cette saison de conférences au Carreau du Temple, il est une idée qui me semble décisive. Cette idée, c'est Marie Dasylva qui l'a formulée et elle change toute la perspective sur les luttes des femmes pour l'égalité. Mais, avant de vous la révéler, parce que j'ai un sens redoutable du suspense, il faut que je vous présente correctement cette entrepreneuse engagée. Marie Dasylva est devenue ces dernières années, en France, une figure adulée du milieu afroféministe. J'ai déjà parlé (chapitre 2, partie 3) du hashtag incontournable qu'elle a créé sur Twitter, #jeudisurvieautaf. Mais le gros de son travail est effectué au sein de son entreprise de coaching destiné aux femmes racisées en entreprise, Nkali Works. «Nkali» est un mot igbo, langue parlée au Nigeria, qui veut dire « se réapproprier nos récits ». Dans ce mot est contenue toute la stratégie déployée par Marie Dasylva au service de ses « pépites » – c'est ainsi qu'elle nomme celles qui la consultent en coaching. « On prend du pouvoir quand on commence à raconter nos histoires, c'est une question de contrôle, expliquait-elle sur la scène du Carreau du Temple. Je dis, je me dis, donc je contrôle la situation. » Il s'agit là d'une démarche politique, tout particulièrement quand il est question de racisme ou de sexisme. Dans tout mécanisme d'oppression, il y a cette idée d'être privé de la possibilité d'énoncer soi-même son identité. Dire son vécu au travail, milieu normé et hiérarchisé par excellence, est une nécessité vitale.

Intégrer l'espace de travail au sein de cette série de conférences sur l'espace public n'allait pas de soi. J'ai pourtant choisi de traiter cette sphère et les oppressions qui s'y exercent parce que 1/ j'avais super envie d'interviewer Marie Dasylva et 2/ parce que l'émancipation des femmes au travail est un levier essentiel pour qu'elles puissent parler, penser, dire, faire, bref, affirmer leur présence dans les lieux de l'espace public que sont les médias, la ville et les organes de la représentation politique. Et c'est loin d'être gagné. Comme l'explique Marie Dasylva : « Il y a dans l'espace de travail un subi qui dépasse ce qu'on vit dans l'espace privé. Ce qui fait la spécificité de cet espace, c'est qu'on y entre comme dans un espace protégé alors qu'il ne l'est pas du tout. Au travail, on n'a pas la possibilité d'agir. Les acteurs

Présentes en résistance

qu'on est censé interpeller quand on est victime d'oppression et de harcèlement, qu'il s'agisse du patron ou de la DRH, sont ceux qui ont pour intérêt la perpétuation de l'oppression.»

Posons d'abord bien les choses : le lieu de travail est un enfer pour la grande majorité les femmes[1]. Depuis qu'elles sont entrées massivement sur le marché du travail au milieu des années 1960 (*fun fact* : en France, c'est seulement en 1965 qu'une loi a autorisé les femmes mariées à occuper un emploi sans l'autorisation de leur époux), les femmes sont maintenues en situation de soumission hiérarchique, reléguées aux tâches subalternes par ce fichu plafond de verre. Je vais vous épargner ici tous les chiffres qui démontrent que les femmes sont plus précarisées, moins bien payées, moins susceptibles d'être augmentées et promues que leurs collègues masculins. Des tonnes d'études le démontrent et, si vous exercez un emploi salarié, vous vous êtes bien rendu compte que, plus on monte dans la hiérarchie des entreprises ou des administrations, moins on trouve de femmes. Un petit chiffre, juste un : combien de femmes PDG parmi les entreprises du CAC 40 ? Zéro[2] ! C'est facile à retenir.

---

1. Selon le Conseil supérieur de l'égalité professionnelle entre les femmes et les hommes, en 2016, 80 % des femmes considéraient qu'elles étaient régulièrement confrontées à des décisions ou à des attitudes sexistes dans le cadre de leur travail.
2. Et sur les 57 PDG, directeurs généraux et présidents du conseil d'administration qui dirigent les sociétés du CAC40, on ne trouvait jusqu'à il y a peu que 2 femmes : Sophie Bellon, présidente du conseil d'administration

Présentes

Je repense souvent à ce dessin de l'illustratrice Riana Duncan, vu dans le livre de Mary Beard *Les Femmes et le pouvoir* cité plus haut (chapitre 2, partie 1). On y voit une salle de réunion. Autour de la table, cinq hommes en cravate, et une seule femme. En légende : « C'est une excellente suggestion, Madame Triggs, peut-être qu'un homme ici pourrait la faire. » Toute femme ayant déjà participé à une réunion majoritairement composée d'hommes connaît ce type de situation. Dans le milieu du travail, ce sont les hommes qui décident, et ce sont les hommes qui parlent. Et des hommes, on en croise plein. Des collègues relous. Des chefs graveleux. Des clients qui demandent votre numéro de téléphone. Des petits chefs qui font du chantage au câlin. Des voisins de bureau qui commentent votre physique, en bien, en mal. Toutes ces micro-agressions quotidiennes sont, pour les femmes, autant de temps perdu dans la journée de travail. Il y a le temps de lever le nez, de regarder consternée le client/collègue/chef, de se ressaisir, de sourire, de chercher une phrase qui désamorce et une stratégie de sortie. Puis le temps de revenir à soi, d'intégrer ce qui vient d'être entendu, le regard intrusif qui vient d'être posé sur soi. Respirer un coup, secouer la tête, retrouver le fil de ce qu'on était en train de faire. À cela s'ajoute la charge émotionnelle de ne pas faire de vagues, de ne froisser personne, car les femmes sont

---

de Sodexo, et Isabelle Kocher, la directrice générale d'Engie, qui fut contrainte de démissionner en février 2020 malgré un bon bilan. Moralité, il ne reste plus qu'une femme !

Présentes en résistance

éduquées à soigner les émotions des autres, à faire que personne ne se sente mal à l'aise. Chasser en permanence de leur esprit tous ces petits traumas, les femmes le font à longueur de journée, tandis que les hommes (du moins ceux qui ne subissent ni le racisme, ni l'homophobie) sont largement exemptés de cette charge-là. Personne ne leur dit : «Oh, tu perds tes cheveux, Richard, dis donc», «Il te moule bien tes fesses ce jean, Juan». Toutes ces précieuses minutes que les femmes perdent à gérer le sexisme, ils ne les perdent pas. Ils sont autorisés à être à 100% dans ce qu'ils font, sans qu'on vienne sans cesse mettre des mots sur leur corps.

Dans le milieu du travail, on harcèle et on viole. Ce n'est pas un hasard si l'expression «harcèlement sexuel» a d'abord visé ce milieu. C'est sous la plume de militantes américaines qu'il est ainsi apparu, comme Lin Farley en 1974 (la première à identifier que beaucoup de femmes quittaient leur emploi pour échapper à des situations de malaise provoquées par leur supérieur hiérarchique masculin[1]) ou la juriste Catharine MacKinnon, qui a réussi à faire entrer cette notion dans la loi américaine. Dans son ouvrage de 1979, *Sexual Harassment of Working Women* (*Le Harcèlement sexuel des femmes au travail*), cette dernière observe la même dynamique sur tous les lieux de travail de la société américaine : le maintien des femmes dans une situation

---

1. *Sexual Shakedown. The Sexual Harassment of Women on the Job*, Lin Farley, 1978.

Présentes

d'«épouses ou de concubines», qui fait d'elles des objets sexuels pour les hommes qui partagent ces lieux avec elles. Quarante ans plus tard, même si la situation a évolué, notamment parce que de plus en plus de femmes occupent des postes à responsabilités, le rapport de domination reste le même. Les révélations qui ont suivi #MeToo tendent à le prouver. On harcèle et on viole partout et tout le temps. Les femmes du cinéma l'ont dit. Les femmes journalistes l'ont dit. Les femmes politiques l'ont dit. Les sportives commencent à le dire[1]. Les femmes qui l'ont dit sont celles qui ont le plus facilement accès à des micros tendus, à des éditeurs attentifs. Mais attendez un peu que parlent les femmes qui travaillent dans les banques, les supermarchés, la restauration, les call-centers, les taxis! Il faut arrêter de faire semblant de croire que ce phénomène est circonscrit à certains milieux professionnels. Quand les premières révélations d'agressions sexuelles dans les rédactions sont sorties, j'étais souvent contactée, en tant que porte-parole de l'association Prenons la une, par des journalistes qui me demandaient : «Pourquoi y a-t-il plus de harcèlement dans les médias qu'ailleurs?» Il n'y a pas plus de harcèlement dans les médias qu'ailleurs. C'est simplement qu'ailleurs on n'a pas encore entendu les femmes parler.

---

1. Dans son livre témoignage *Un si long silence,* Plon, 2020, l'ancienne championne de patinage Sarah Abitbol accuse son entraîneur d'alors, Gilles Beyer, de l'avoir violée lorsqu'elle avait 15 ans. Sa prise de parole a ouvert la voie à d'autres témoignages de violences sexuelles dans le milieu du sport, et a poussé la ministre des Sports, l'ancienne nageuse Roxana Maracineanu, à adopter une série de mesures.

Présentes en résistance

Le milieu du travail est régi par les mêmes mécanismes sexistes que l'ensemble de la société. C'est le patriarcat qui est à l'origine du viol. Pas le milieu.

Le monde du travail, c'est l'enfer pour toutes les femmes. Et c'est encore pire pour les femmes qui ne sont pas blanches. Comme le souligne Marie Dasylva, le racisme agit comme un «exhausteur de goût» pour toutes les oppressions. Aux contraintes que je viens d'énumérer s'ajoute celle de se trouver dans un lieu où l'on n'est a priori pas attendue. «L'espace de travail est conçu comme un espace exclusivement blanc, explique Marie Dasylva, les personnes racisées vont donc être considérées comme des accidents industriels! Pour te rappeler sans cesse que tu n'es pas à ta place, on ne va pas te donner le salaire ni les fonctions que tu mérites. Et c'est encore pire pour les CSP+, tu peux transcender la hiérarchie raciale, le racisme ne s'en va pas. Ta présence est questionnée en permanence : "Comment est-elle arrivée là?" "Que font ses parents?" "Mérite-t-elle ce poste?" Le professionnalisme est un concept blanc! D'où l'hystérie autour des cheveux crépus»! Marie en sait quelque chose. Elle a travaillé pendant des années comme manageuse dans l'industrie du luxe, et a fini par faire un burn-out, notamment en raison des remarques quotidiennes que sa supérieure hiérarchique lui faisait sur sa chevelure. Qu'elle la porte naturelle, tressée ou nouée dans un turban, son allure n'était jamais jugée assez «professionnelle». Et si cette remarque vous semble anecdotique, c'est sûrement que vous n'avez

193

Présentes

jamais eu l'occasion d'aborder cette question avec les personnes concernées ; vous sauriez sinon que les femmes noires sont confrontées en permanence à des remarques concernant leurs cheveux, voire à des mains intrusives qui semblent irrésistiblement poussées par le besoin de les toucher, geste qui a inspiré à la chanteuse pop américaine Solange Knowles le tube « Don't Touch My Hair ». (Si en refermant ce livre vous n'avez toujours pas compris que les cheveux sont politiques, je ne sais plus quoi faire pour vous en convaincre.) Bref. Ce temps que toutes les femmes perdent à encaisser les remarques sexistes sans broncher, les femmes racisées le perdent également à gérer, au quotidien, les mille agressions racistes auxquelles elles sont confrontées sur leur lieu de travail. Le tout en souriant et en prenant garde à ne surtout pas heurter les émotions des collègues, car parler de racisme, c'est « casser l'ambiance », rappelle Marie Dasylva. Les militantes féministes racisées emploient l'expression « charge raciale », dans la lignée de la chercheuse Maboula Soumahoro[1], pour désigner le poids de ces exigences sociétales, qui peuvent avoir à terme des conséquences lourdes sur la santé mentale.

Comme l'a démontré la chercheuse Carmen Diop dans sa thèse de 2013 intitulée « Socialisation et construction de soi - Étude du cas des femmes noires diplômées en France » (consultable en ligne), les femmes noires diplômées sont, dans le monde professionnel,

---

1. Lire sa tribune « Bas les masques ! », *Libération*, 1er juin 2017.

confrontées à des discriminations spécifiques, «cibles privilégiées des stéréotypes et enfermées dans des assignations fondées sur le genre, la classe et/ou l'origine[1]». Les femmes racisées sont souvent obligées de travailler beaucoup plus pour faire leurs preuves, ce qui relève d'un mécanisme social bien connu des enfants d'immigré·e·s. Preuve en est cette petite phrase qu'ils et elles entendent depuis l'enfance de la part de parents lucides : «Tu vas devoir travailler trois fois plus!» Pour Marie Dasylva, «cette phrase, c'est un billet direct pour le burn-out. Et l'employeur le sait». En distillant aux femmes racisées des stratégies de survie, Marie Dasylva propose d'apprendre à «ne pas être dominée». «Je suis la Machiavel du pauvre, explique-t-elle. En politique, il y a les *spin doctors*[2]. Moi, j'ai décidé d'être la *spin doctor* des personnes les plus dominées de l'espace public, en partageant avec elles mes savoirs stratégiques. Ce sont des savoirs que j'ai acquis dans la douleur. Je suis là pour qu'elles gagnent du temps.»

Voilà. Je voulais vous présenter correctement Marie Dasylva pour que vous mesuriez bien le génie de cette femme. C'est donc elle qui m'a dit la chose la plus importante que j'aie entendue pendant cette saison au Carreau du Temple : «Il faut réhabiliter le statut de victime.» Vous entendez ça? C'est capital. «Se dire victime, c'est le début d'une conversation honnête avec

---

1. «Les femmes noires diplômées face au poids des représentations et des discriminations en France», Carmen Diop, revue *Hommes et migrations*.
2. Nom donné aux conseillers en communication des dirigeants politiques.

Présentes

soi, explique-t-elle. C'est désigner un coupable. C'est dire : je ne suis pas responsable. C'est dire : c'est toi, l'agresseur, c'est toi qui dois évoluer.» Quand elle a prononcé cette phrase, mon cerveau (et celui des 250 personnes de la salle suspendues à ses lèvres soulignées d'un splendide rouge à lèvres bleu) s'est mis à turbiner à cent à l'heure. Dire : «J'ai été victime», c'est ça, la puissance! Revendiquer cette position de victime relève du courage et de l'exigence de réparation : c'est ça, la révolution!

Je vais me permettre d'opérer un glissement de l'oppression raciale à l'oppression de genre car, ici encore, les mécanismes sont parfaitement comparables. On a beaucoup entendu, notamment parmi ces bourgeoises qui prônent le droit d'importuner (elles me trottent beaucoup dans la tête, je l'avoue), que c'était mal que les femmes «se victimisent» en disant #MeToo. On entend d'ailleurs aussi dire avec mépris des militant·e·s antiracistes qu'ils ou elles tiennent un discours «victimaires». Se victimiser, c'est le pire des torts dans une société régie par la performance et le contrôle. Pourtant, dire «Je suis victime», c'est retourner le stigmate, c'est refuser la hiérarchisation entre les faibles et les forts. C'est un geste politique d'une puissance inouïe. Mais un geste difficile à accomplir. Il faut être accompagnée et avoir confiance en l'espace dans lequel sa parole va se déployer. Ce qui, vous avez dû le comprendre à ce stade, est franchement loin d'être le cas dans l'espace public français. Dans une interview au *New York Times*, le 24 février 2020, l'actrice

196

Présentes en résistance

française Adèle Haenel a expliqué pourquoi elle avait décidé de rendre publique l'agression sexuelle qu'elle avait subie à l'âge de 12 ans de la part du réalisateur d'un film où elle tenait le rôle principal : «#MeToo m'a aidée à réaliser que mon histoire n'était pas seulement personnelle, que c'était une histoire de femmes, d'enfants, que nous portons toutes. Mais je ne me sentais pas prête à la partager au moment où #MeToo a émergé. J'ai mis du temps à faire le parcours personnel qui m'a permis de me placer comme victime.» Je crois qu'on tient là quelque chose de fondamental. Dire «j'ai été victime», c'est se remettre au centre de son propre récit. Et cela peut prendre du temps.

Après avoir exposé tout cela, je peux maintenant vous confier ma première suggestion. Afin de permettre aux femmes de prendre la place qui leur est due dans l'espace public, il faut d'abord leur donner l'occasion de dire «je». Je veux marteler cette idée, car c'est une grille de lecture qui permet de comprendre tout le mouvement féministe actuel. #MeToo, c'était ça. C'était dire «moi», c'était dire «je». Je me souviens d'une manifestation en novembre 2017, place de la République, à Paris. Des femmes se tenaient, statiques, autour de la statue. Elles brandissaient des pancartes qui racontaient comment elles avaient été violées. Leurs pancartes disaient «je» : «J'avais 16 ans, c'était le meilleur ami de mon père»; «Je lui faisais confiance, et il m'a violée»; «J'étais malade, il en a profité». Ces «je» mis côte à côte faisaient système, et protection. En disant «je» ensemble dans l'espace

Présentes

public, les femmes ont créé un lieu qui les protège de la culpabilité, du scepticisme et de la stigmatisation.

C'est pour moi le geste le plus féministe qu'on puisse accomplir : créer des espaces où les récits de femmes peuvent se déployer sans entraves. C'est ce que j'ai voulu faire avec mon podcast *La Poudre* et en initiant ce cycle de conférences au Carreau du Temple. Et c'est ce que toutes mes invitées ont fait aussi. La chercheuse Hanane Karimi a recueilli les vécus et les ressentis de femmes musulmanes pour écrire sa thèse. Les urbanistes et anthropologues Chris Blache et Pascale Lapalud ont écouté les récits de milliers de femmes dans la ville pour proposer un réagencement de l'espace urbain. La militante Anaïs Bourdet a créé, avec la plateforme Paye ta shnek, un espace où les femmes pouvaient raconter à la première personne les agressions subies dans l'espace public. Les journalistes Alice Coffin et Rokhaya Diallo, en revendiquant leurs identités, ont affirmé un « je » qui situe leur travail médiatique. L'avocate Elisa Rojas a exprimé son ressenti et son vécu en tant que femme handicapée en écrivant son blog Aux marches du palais. Marie Dasylva, en organisant des espaces où les femmes racisées victimes de harcèlement peuvent parler, fait s'exprimer le « je » des personnes les plus dominées. La militante Caroline de Haas, en fondant Nous Toutes, a créé un espace où le « je » devient pluriel.

Dire « je », pour une femme, c'est toujours politique ! C'est décaler le regard, proposer un point de vue autrement situé ! Lorsque les femmes de chambre de l'hôtel

Présentes en résistance

Ibis Batignolles se mettent en grève, en juillet 2019, pour dénoncer leurs conditions de travail ultraprécarisées, la violence qui s'exerce sur leur corps et le harcèlement sexuel qu'elles subissent (l'une d'elle a porté plainte contre le directeur de l'hôtel pour viol en 2017), c'est leur « je » qui résonne enfin. A l'heure où j'écris ces lignes, elles poursuivent leur lutte interrompue un temps par l'épidémie de coronavirus. « Je dois enlever les draps, les changer, faire la poussière, le ménage dans la salle de bains, puis passer la serpillière et l'aspirateur. Puis j'ouvre une autre porte et je recommence. Je dois faire 18 chambres. Mes heures supplémentaires ne sont pas payées », témoigne Olga Mansang Muhong, l'une des grévistes, dans un article publié par *L'Obs* en août 2019[1]. Ce récit à la première personne n'a rien d'anodin. Dire sa fatigue, ses douleurs, quand on est une femme effectuant les tâches les plus ingrates de la société, c'est un geste révolutionnaire, car ce sont des récits que l'on n'entend jamais. Je veux vivre dans un monde où le « je » d'Olga Mansang Muhong a autant de poids que le « je » d'Adèle Haenel. Et pour cela, je ne vois qu'une solution : encore et sans relâche faire entendre les récits des femmes, de toutes les femmes. Aucune théorie, aucun chiffre ne peut remplacer ces récits.

Cela commence par la création de plateformes en ligne, de podcasts, de groupes de parole, d'espaces non

---

1. « "Malades à cause du boulot", les femmes de chambre de l'Ibis Batignolles en grève », Agathe Ranc, *L'Obs*, 1er août 2019.

Présentes

mixtes. Permettre aux femmes de dire «je» consiste aussi en moult mécanismes qu'on peut toutes et tous mettre en place au quotidien, dans nos conversations, pour agir par «contamination». Car plus il y aura de femmes qui disent «je», plus il y aura de femmes qui disent «je»! Comme me l'a appris Caroline de Haas, il y a des réponses très simples à faire à une femme qui vous dit avoir été victime d'agression, de harcèlement ou de viol: «Je te crois. Tu n'y es pour rien. La loi interdit ces violences. Je suis avec toi.» Quand on dit ça, on lève d'un coup toutes les entraves posées par une société qui accable les victimes de honte et remet leur parole en cause.

Cela peut aussi passer par encourager une femme à se mettre en avant, à briser ce fameux syndrome de l'impostrice qui prend racine dans le fait que le savoir est dans l'espace public incarné par des hommes. Dire à une femme «Tu es forte, tu as raison, tu es intelligente, ce que tu fais vaut la peine», c'est favoriser sa prise de parole! Si vous êtes un homme et que vous êtes arrivé à ce point du livre, je vous félicite (mais n'attendez pas non plus une médaille) et je vous invite à prendre conscience des biais qui sont peut-être les vôtres lorsqu'une femme prend la parole face à vous. Essayez de ne pas l'interrompre, de garder à l'esprit, lorsqu'elle vous parle, qu'elle détient un savoir, une expertise, des compétences, et qu'elle n'a pas besoin que vous lui expliquiez la vie. Je vous promets qu'au final tout le monde en ressortira grandi, car le féminisme a un programme extraordinaire: libérer tout

Présentes en résistance

le monde! Y compris les hommes soumis aux poids des injonctions liées à la masculinité !

Écouter les femmes longuement et attentivement, c'est aussi révéler les nuances, ce qui relève des trajectoires individuelles. Cela met à bas les clichés et les stéréotypes. Cela permet de comprendre que «la femme», cela ne veut rien dire. Rien ne m'énerve plus que cette expression uniformisante que l'on retrouve dans tant de discours, y compris dans ceux qui se veulent bienveillants. On me demande parfois si, en juxtaposant dans mon podcast *La Poudre* les récits intimes et personnels des femmes, je ne contribue pas à nourrir «la petite histoire» aux dépens de la grande à laquelle elles devraient pouvoir prétendre. Je vous rassure, tout cela n'est que provisoire. Je n'ai pas envie que les femmes passent leur vie à parler de leur enfance, de leurs règles, de leur sexualité. Je n'ai pas envie que les femmes soient là, pour l'éternité, à raconter leur viol. Je veux qu'on parle avec les femmes de science, de musique, de philosophie! Mais, avant, il faut que nous ayons cette conversation. Il nous faut remettre dans l'espace public tous ces mots dont nous avons été privées pendant des siècles. Il faut que l'on apprenne à cesser de museler nos récits avec des tabous et des silences au nom de la «décence» ou de la «rationalité». Et s'il existe bien un lieu où les femmes n'ont pas le droit de dire «je», c'est dans l'art et dans la création.

3. Favoriser la création féminine

En 2019, la plus énorme claque féministe que j'ai prise venait d'un film : *Portrait de la jeune fille en feu*, de la réalisatrice française Céline Sciamma. Ce film se déroule au XVIIIᵉ siècle, sur une petite île de Bretagne battue par les vents. Il raconte la naissance d'un amour entre une peintre, incarnée par Noémie Merlant, et une jeune aristocrate dont elle doit faire le portrait, jouée par Adèle Haenel. Si ce film a tant marqué les femmes en 2019, ce n'est pas seulement pour la beauté de ses images, le talent de ses comédiennes ou la précision de son écriture (il a remporté le prix du scénario au Festival de Cannes en 2019). Ce film est aussi d'une puissance inouïe pour des raisons politiques. Il chamboule les représentations. Il pose sur le désir et sur l'amour un regard inédit. Si tant de jeunes femmes lesbiennes dans le monde ont ajouté à leur biographie sur les réseaux sociaux les émojis «tableau» et «feu» pour se revendiquer de la #PortraitNation, c'est qu'il s'agit d'une révolution!

Depuis l'invention du cinéma, l'amour et le désir sont racontés du point de vue des hommes. Des hommes hétérosexuels en majorité. Combien a-t-on tourné de comédies romantiques niaises – un jeune homme dynamique décide de tout faire pour conquérir la belle et mystérieuse jeune femme qu'il n'a croisée qu'une fois –, de thrillers dramatiques – une femme vulnérable est enlevée par un homme méchant, mais un homme courageux va parvenir à la sauver –, de drames bourgeois – un

Présentes en résistance

mari volage voit sa vie bouleversée par la vengeance de son épouse machiavélique – pour un seul film qui raconte l'amour d'un point de vue féminin ! Il suffit de regarder les affiches de cinéma à l'entrée de votre salle préférée (ou de lire l'étude que je mets en note)[1] : les femmes sont sous-représentées dans les films. Elles ne tiennent que rarement le premier rôle, sont quasiment absentes des films d'action, sont plus souvent représentées sous les traits de la victime que de la cheffe. Et, bien sûr, elles sont la plupart du temps jeunes, blanches, minces, hétérosexuelles, valides et habillées de façon à ce que leur peau apparaisse, car ce mécanisme qui ne tolère qu'un seul type de femme dans l'espace public se traduit évidemment sur le grand écran. Il faut que cela change, car non seulement le cinéma reproduit les hiérarchies à l'œuvre dans la société, mais il contribue aussi à les façonner. Les images qu'il projette conditionnent nos façons de voir, de penser et de désirer. Ou, pour le dire de façon plus théorique, avec la chercheuse américaine Teresa De Lauretis[2], le cinéma a « le pouvoir de contrôler le champ des significations sociales et donc de produire,

---

1. « L'industrie cinématographique mondiale perpétue la discrimination à l'égard des femmes », enquête menée par l'ONU Femmes en 2014. Les chercheur.euse.s ont analysé 120 films populaires dans 10 pays, dont la France. À l'échelle internationale, seulement un tiers des personnages qui prennent la parole sont de sexe féminin. En France, dans cette étude, aucune femme ne tient le premier rôle. La présence des femmes évolue également en fonction de la catégorie du film, ainsi « à peine 23 % des personnages qui ont la parole dans les films d'action et d'aventure sont des femmes ».

2. *Technologies of Gender. Essays on Theory, Film, and Fiction,* Indiana University Press, 1987.

Présentes

de promouvoir et d'implanter des représentations du genre».

On pourrait écrire des livres entiers sur l'importance de la vision des femmes au cinéma et, cela tombe bien, en 2020, la docteure en théorie du cinéma et journaliste Iris Brey l'a fait. Je vous renvoie instamment à son essai capital, *Le Regard féminin, une révolution à l'écran* (Éditions de L'Olivier). Avec le «regard féminin», elle propose un pendant au *male gaze* (regard masculin) : ce concept, créé en 1975 par la critique de cinéma britannique Laura Mulvey, désigne la façon masculine de filmer qui, pendant des décennies, a objectivé les corps des femmes. Un regard prédateur, qui morcelle la chair féminine, l'observe souvent à son insu et a joué un rôle indéniable dans l'épanouissement de la culture du viol sur les écrans et dans les esprits. «Le *male gaze* est mortifère, estime Iris Brey. Le regard féminin, lui, est un regard vivant qui nous offre des images inédites, nos images manquantes[1].» Ces images manquantes foisonnent dans le film de Céline Sciamma *Portrait de la jeune fille en feu*. La façon dont les deux protagonistes s'apprivoisent tout au long de la narration, remettant en cause le cliché éculé de «l'amour au premier regard»; la scène de sexe : un doigt introduit lentement sous une aisselle (oui!) dans un geste d'un érotisme dingue qui n'avait jamais été filmé jusqu'ici; la scène d'avortement, qui montre un moment plein de nuances, ni larmoyant

---

1. Interview dans l'émission «Boomerang», France Inter, février 2020.

Présentes en résistance

ni froid, dépouillé de la culpabilité que le cinéma fait souvent peser sur les épaules des femmes (souvenez-vous de *Juno*, grand succès de 2007, avec Ellen Page, qui est quand même l'histoire d'une adolescente convaincue de garder son bébé par des militants pro-vie!). Oui, il y a eu quelques romances lesbiennes au cinéma, mais celles qui ont connu le plus grand succès ont été réalisées par des hommes, parfois accusés d'avoir fait subir des maltraitances à leurs actrices, notamment lors du tournage des scènes de sexe (comme le réalisateur[1] de *La Vie d'Adèle*, avec Adèle Exarchopoulos et Léa Seydoux, Palme d'or à Cannes en 2013).

Alors ne commencez pas à râler, je ne suis pas en train de dire que tous les hommes filment les femmes comme des prédateurs, ni que toutes les femmes filment les femmes sans les érotiser. Ce sont des tendances. Par exemple, comme le souligne Iris Brey dans son livre, *Titanic*, réalisé par un homme[2], réussit le test du *female gaze*, avec son héroïne qui remet en question l'ordre patriarcal. Néanmoins, on sait qu'il existe une corrélation entre le genre de la personne qui écrit un film et la qualité des représentations des femmes dans ce film. Cette qualité peut être mesurée grâce au test de Bechdel, mis au point par la dessinatrice lesbienne Alison Bechdel en 1985[3] et qui repose sur trois critères : il doit y avoir au

---

1. Abddelatif Kechiche.
2. James Cameron.
3. Dans sa bande dessinée *L'Essentiel des gouines à suivre*, Éditions Même pas mal, 2016.

moins deux femmes ayant un nom et un prénom, il faut qu'elles parlent ensemble et que leur conversation soit sans rapport avec un homme. Une étude du site Polygraph montre que, parmi 4 000 films écrits entre 1995 et 2005, 53 % échouent au test quand ils n'ont été écrits que par des hommes, 38 % échouent au test quand il y a au moins une femme dans l'équipe de scénaristes. La totalité des films écrits uniquement par des femmes passent le test avec succès.

Les enjeux féministes au sein du cinéma sont immenses. Ils expliquent l'importance politique qu'a revêtue la cérémonie des césars du 28 février 2020. C'était le choc entre deux mondes. D'un côté, le réalisateur tout-puissant de *J'accuse*[1], film à 25 millions d'euros, douze fois accusé de viol, dont dix fois sur des mineures de moins de 18 ans[2]. Douze nominations. De l'autre, Céline Sciamma, la réalisatrice lesbienne de *Portrait de la jeune fille en feu*, film à 4,9 millions d'euros, et son actrice principale, Adèle Haenel, qui vient de devenir la porte-parole des femmes et des enfants victimes de viol. Dix nominations. Et des centaines de féministes qui manifestent devant la salle, armées de fumigènes

---

1. Roman Polanski.
2. Le cinéaste est poursuivi depuis 1977 aux États-Unis pour le viol de Samantha Gailey, une adolescente de 13 ans. Depuis 2010 se sont ajoutés les témoignages, parfois anonymes, de onze autres femmes. Le plus récent étant celui de la Française Valentine Monnier, en novembre 2019. Voici la liste des victimes déclarées : X, 10 ans, 1969 ; X, 16 ans, 1969 ; Mallory, 29 ans, 1970 ; X, 9 ans, 1972 ; Renate, 15 ans, 1972 ; Robin, 16 ans, 1973 ; Valentine, 18 ans, 1975 ; Marianne, 10 ans, 1975 ; X, 15 ans, 1976 ; X, 12 ans, 1976 ; Samantha, 13 ans, 1977 ; Charlotte, 16 ans, 1983.

Présentes en résistance

et de grands corbeaux de papier noirs portant le nom du prédateur. Je faisais partie de ces manifestantes, et je vous promets qu'on y croyait, vraiment. On espérait de toute notre âme que quelque chose se produirait à cette soirée, qu'un cercle vicieux serait brisé, que le violeur ne serait pas récompensé et que nos héroïnes seraient couronnées. Il ne pouvait en être autrement. Mais lorsque Claire Denis et Emmanuelle Bercot – deux réalisatrices immenses qui n'ont jamais obtenu le moindre césar – ont annoncé le nom du lauréat du prix du meilleur réalisateur, ce fut comme un gros crachat au visage des victimes. Le violeur fut couronné. Personne n'a mieux résumé ce qui s'est passé ce soir-là que le philosophe Paul B. Preciado dans une tribune publiée deux jours plus tard dans *Libération* : «La cérémonie des césars était un rituel hétéropatriarcal de restauration mythico-magique du violeur Polanski et d'exclusion et mise à mort de la victime parlante, Adèle Haenel[1].»

Mais cette cérémonie expiatoire a eu l'avantage de produire un effet de loupe. Jamais on n'avait aussi bien vu les forces en présence. Quelque chose dans la mascarade s'était brisé. Il y a le geste d'Adèle Haenel, qui, à l'annonce du couronnement du présumé pédophile, s'est levée et a quitté la salle à grands pas, en criant : «La honte !» Elle s'est levée bien droite et elle est partie, rejetant littéralement la honte dans l'autre camp. Il y eut aussi, le même soir, le discours politique de l'actrice

---

1. «L'ancienne académie en feu», Paul B. Preciado, *Libération*, 1er mars 2020.

Présentes

Aïssa Maïga qui a dénoncé, frontalement, face à un parterre de professionnels, le racisme systémique qui imbibe chaque rouage de l'industrie du cinéma, créant un malaise palpable dans cette assemblée si peu disposée à remettre en cause l'ordre éternel des choses avec ses gagnants et ses perdants. Pour effectuer ces gestes sismiques, les deux actrices ont puisé de la force dans le réveil féministe qu'a connu le cinéma français au cours de ces deux dernières années.

L'organisation d'abord, avec la constitution, début 2018, du Collectif 50/50 pour 2020, à l'initiative de l'association Deuxième Regard, regroupant 300 femmes du cinéma français, issues de tous les corps de métiers. Le coup d'éclat ensuite, lorsqu'en mai 2018, au Festival de Cannes, 82 femmes du cinéma français ont monté ensemble les marches du Palais des festivals pour symboliser les 82 films (sur 1 645 !) réalisés par des femmes ayant été sélectionnés à Cannes depuis 1946. Et la victoire enfin, en septembre 2018, lorsque le Centre national du cinéma et de l'image animée (CNC) a rendu obligatoires les statistiques de genre dans les dossiers d'agrément des films (parce qu'il faut compter, souvenez-vous) et créé un bonus de 15 % de subventions supplémentaires pour les films intégrant autant de femmes que d'hommes dans les postes d'encadrement de leur équipe de tournage. En 2018, toujours, Aïssa Maïga et 16 comédiennes noires (Nadège Beausson-Diagne, Mata Gabin, Maïmouna Gueye, Eye Haïdara, Rachel Khan, Sara Martins, Marie-Philomène

Présentes en résistance

Nga, Sabine Pakora, Firmine Richard, Sonia Rolland, Magaajyia Silberfeld, Shirley Souagnon, Assa Sylla, Karidja Touré et France Zobda) ont cosigné l'ouvrage collectif *Noire n'est pas mon métier* (Seuil) pour souligner les stéréotypes essentialisants dans lesquels le cinéma français continue d'enfermer les femmes noires. Une démarche qui résonne avec le travail de l'association Mille Visages, fondée par Houda Benyamina. César du meilleur premier film en 2016 pour son long-métrage *Divines*, qui s'est donné pour objectif de permettre à toutes et à tous, quel que soit son milieu, son niveau économique, son origine et son lieu de résidence, d'aimer le cinéma et de le pratiquer en devenant comédien·ne, réalisat·eur·rice ou scénariste. Je pense aussi à la productrice Laurence Lascary qui, avec sa structure De l'autre côté du périph' (DACP), valorise l'image de la banlieue en mettant en avant ses réussites. Les femmes du cinéma réfléchissent sur leur milieu et proposent des solutions. Et elles créent des prix, puisque les prix existants peinent à les récompenser. Depuis 2018, le prix Alice Guy, cofondé par la journaliste Véronique Le Bris et l'entrepreneuse Hélène Mazzela, honore chaque année une réalisatrice. Alice Guy était une pionnière du cinéma, elle a réalisé une centaine de films entre la fin du XIXe siècle et le début du XXe siècle. Elle a connu un immense succès de son vivant, une brillante carrière à Hollywood et a même fondé sa propre société de production! Certains de ses films étaient déjà des préfigurations du *female gaze*, comme *Madame a*

Présentes

ses envies, court-métrage de 1906, visible en ligne, qui tourne en dérision les clichés sur le désir féminin et la maternité. Mais Alice Guy a, bien entendu, été effacée des mémoires, des livres d'histoire et du Panthéon du cinéma.

Tout serait différent si les jeunes réalisatrices d'aujourd'hui vivaient dans un monde où Alice Guy aurait été érigée en légende, où la réalisatrice Claire Denis serait invitée à trôner en bout de table dans les grands raouts de l'industrie cinématographique et où des femmes auraient été récompensées par de nombreuses Palmes d'or. À ce jour, seule une femme l'a remportée, Jane Campion pour *La Leçon de piano*, en 1993. Les réalisatrices sont pourtant en train de changer le monde et de modifier nos perceptions. Si la réflexion afroféministe a si bien germé en France ces dernières années, c'est notamment grâce au documentaire *Ouvrir la voix*, d'Amandine Gay, en 2016, un film autofinancé, autodistribué, mais qui, en mettant en avant des récits à la première personne, a changé la vie de centaines de milliers de jeunes femmes noires à travers l'Europe. Que serait notre vision des quartiers populaires sans le travail d'Alice Diop (son documentaire «Vers la tendresse», en 2015, déconstruit tous les stéréotypes sur la masculinité des jeunes garçons de banlieue) et de Houda Benyamina (dans *Divines*, en 2016, elle offre une vision des femmes dans les banlieues dépassant enfin le cliché «Ni putes ni soumises»)? Pourtant, seuls 18% des longs-métrages subventionnés par le CNC sont réalisés par

Présentes en résistance

des femmes[1]. Dois-je préciser qu'elles sont généralement bien moins payées que leurs homologues masculins? En moyenne 42% de moins pour la réalisation, et 38% de moins pour la production[2].

En permettant aux femmes de créer – et je veux dire par là qu'il faut les financer, les récompenser, promouvoir leur travail –, on change le monde. Dans le fameux essai de l'écrivaine britannique Virginia Woolf, *Une chambre à soi* (1929), l'autrice adulée ne dit rien d'autre. Après avoir décrit avec mordant une bibliothèque dans laquelle elle cherche, en vain, des récits de femmes, elle fait le constat amer que, depuis que les livres existent, ce sont les hommes qui tiennent la plume. Tant et si bien qu'ils restent la voix référente pour parler des femmes elles-mêmes. Virginia Woolf tente d'expliquer pourquoi les femmes n'ont pas pu s'inscrire dans l'histoire de la littérature et avance une explication simple : elles ne bénéficient jamais de leur «lieu à elle[3]». Le coup de génie de Virginia Woolf, dans ce livre, est l'identification de deux éléments encore centraux dans la réflexion féministe actuelle : la précarité économique et ce que nous appelons désormais la charge mentale. Elle explique sa

---

1. Rapport «Observatoire de l'égalité entre femmes et hommes dans la culture et la communication», ministère de la Culture, 2018.
2. Étude «Nouvelle Donne : la nouvelle génération de femmes dans les métiers du cinéma», CNC, février 2017.
3. Le titre original du livre de Virginia Woolf, *A room of one's own*, ne devrait pas être traduit par «chambre», mais l'imaginaire sexiste des premiers traducteurs a primé. Dans la traduction qu'elle a publiée en 2016, l'autrice Marie Darrieussecq propose d'employer «lieu» pour corriger cet effet.

Présentes

propre faculté à écrire un livre par la rente de 500 livres qu'une tante lui a léguée à sa mort, lui permettant d'écrire sans se soucier de son loyer ou de sa nourriture, et par le fait qu'elle n'a pas d'enfant, ce qui lui laisse le temps de se consacrer à son travail sans devoir subvenir aux besoins de tierces personnes. Les choses ne sont pas différentes aujourd'hui.

Dans le monde littéraire, les femmes doivent lutter pour leur reconnaissance. D'ailleurs, lorsque je consulte le site de la maison qui édite ce livre, reconnue pour la publication de brillants essais engagés, et que je constate la prépondérance de vieux mâles blancs parmi les plumes publiées, j'ai un peu envie de pleurer. Depuis la création des prix littéraires, dont le premier a été le Goncourt, en 1903, les autrices françaises n'ont reçu que 161 prix sur les 740 récompenses décernées[1]. En 2016, au festival de la bande dessinée d'Angoulême, sur les 30 auteurs nommés pour les différentes récompenses, il n'y avait aucune femme, ce qui a donné naissance, sous l'impulsion de la bédéaste Julie Maroh, au Collectif des créatrices de bande dessinée contre le sexisme. Si les militantes féministes se recommandent sans cesse sur les réseaux sociaux des livres écrits par des femmes[2], si les initiatives de bibliothèques féministes se multiplient ces dernières années, c'est pour compenser l'effroyable

---

1. «Prix littéraires : toujours aussi peu de femmes récompensées», *Le Monde*, novembre 2018.
2. J'ai contribué à ce mouvement en créant il y a trois ans La PoudreLit, un site et un hashtag qui ne répertorient que des livres écrits par des femmes.

Présentes en résistance

effacement de leurs œuvres. Pourquoi Annie Ernaux ou Maryse Condé, deux écrivaines dont les œuvres ont traversé le XXᵉ siècle et bouleversé le destin de tant de lectrices, n'ont-elles jamais été distinguées par de grands prix littéraires ? Pourquoi n'ai-je jamais croisé leurs œuvres au cours de ma scolarité, alors que je connais par cœur depuis que je suis collégienne les écrits de Camus et d'Aragon ? Parce que les femmes ne représentent que 3,7 % des auteur·trice·s cité·e·s dans les manuels scolaires et 0,7 % des philosophes[1]… C'est sûr, ce n'est pas au lycée que les jeunes femmes risquent de croiser les figures de Simone Weil ou d'Angela Davis. Découvrir une autrice aujourd'hui disparue, tomber amoureuse de sa littérature, c'est comme tomber sur un trésor enfoui sous la terre. J'ai attendu la trentaine pour faire la connaissance de Violette Leduc, de Maya Angelou, de Sylvia Plath ! Pourquoi ces femmes aux plumes uniques et aux destins hors du commun ne font-elles pas l'objet de biopics et de documentaires ? Lorsqu'on en découvre une, on se sent poussée par l'urgence de dévorer l'intégralité de son œuvre, comme pour réparer l'affront de son effacement radical. Comment peut-on tolérer que la littérature émane pour l'essentiel, depuis qu'elle existe, de ces bons vieux mâles blancs ? Rien ne modèle plus les imaginaires que les livres. À commencer par la littérature jeunesse, ces livres qu'on met entre les mains

---

1. «La place des femmes en littérature. Le canon et la réputation», Christine Détrez, *Idées économiques et sociales*, n° 186, p. 24-29, 2016/4.

Présentes

des petites filles et des petits garçons et qui condition-
neront leur perception du monde pour la vie. Résultat,
le monde n'est confortable que pour les petits enfants
blancs parfaitement à l'aise dans leur genre. Là encore,
les femmes sont en première ligne pour faire bouger les
choses. Parmi elles, Muriel Douru a changé la donne en
publiant en 2003 *Dis… Mamans*, un livre destiné aux
tout-petits qui parle du quotidien d'une famille homo-
parentale. Laura Nsafou a également contribué à faire
évoluer les mentalités en écrivant *Comme un million de
papillons noirs* (Cambourakis, 2017), magnifique album
jeunesse où une petite fille noire, Adé, apprend à aimer
sa chevelure crépue.

Savez-vous où les femmes sont encore plus écrasées
qu'au cinéma et dans la littérature ? Dans l'art. Seules
12 % des œuvres acquises par le Fonds national d'art
contemporain sont signées d'artistes femmes. Peut-
être qu'intérieurement vous vous dites, tout imbibé·e·s
que vous êtes de l'image de l'artiste maudit, du culte
de De Vinci, Manet et Picasso : les femmes ont moins
vocation à devenir artistes, le génie créatif est un trait
masculin ! Erreur. Qu'il s'agisse des écoles de cinéma,
de musique ou d'art plastique, les femmes sont
aujourd'hui plus nombreuses en début de parcours que
les hommes. L'élan créatif est parfaitement partagé entre
les genres. C'est au fil des carrières que la présence des
femmes s'amenuise, par un processus inextricable où
se mêlent l'invisibilisation, les barrières économiques,
la charge domestique, le syndrome de l'impostrice,

Présentes en résistance

l'entre-soi masculin, la culture du viol et les stéréotypes. Si les femmes représentent 60 % des étudiant.e.s des écoles d'art, elles ne constituent que 20 % des artistes programmé·e·s et expos·é·s, et seulement 10 % des artistes récompensé·e·s par un prix[1]. Selon Camille Morineau, cofondatrice de l'association Aware (Archives of Women Artists, Research & Exhibitions), qui a été créée précisément pour lutter contre ce manque de visibilité des artistes femmes : « Il y a toujours eu des femmes artistes, mais on a tout simplement ignoré leur travail et l'histoire les a oubliées. Sonia Delaunay a attendu un demi-siècle pour sortir de l'ombre de son époux Robert. Louise Bourgeois avait 96 ans lorsque le Centre Pompidou lui a consacré sa première rétrospective[2]. »

Dans la musique ? Les femmes ne représentent que 18 % des albums nommés aux Victoires de la musique[3]. 97 % des groupes programmés par les festivals de musique sont composés exclusivement ou majoritairement d'hommes. Et je pourrais égrener à l'infini cette litanie de chiffres en évoquant le théâtre, la photographie, la danse, l'architecture…

---

1. Rapport «Inégalités entre les femmes et les hommes dans les arts et la culture – Acte II : après 10 ans de constats, le temps de l'action», Haut Conseil à l'Égalité entre les femmes et les hommes, janvier 2018.
2. Catalogue de l'exposition *Elles*, Centre Pompidou, 2009, dont elle était la commissaire.
3. Rapport «Inégalités entre les femmes et les hommes dans les arts et la culture – Acte II : après 10 ans de constats, le temps de l'action», Haut Conseil à l'Égalité entre les femmes et les hommes, janvier 2018.

Présentes

Il existe pourtant une solution très simple à ce problème, mais attention, je vais prononcer un mot qui risque de vous faire jeter ce livre au sol en disant que je vais beaucoup trop loin : les quotas. C'est d'ailleurs ce que préconise le Haut Conseil à l'Égalité entre les femmes et les hommes[1] : il faut recourir aux «objectifs chiffrés» (l'expression fait moins peur que «quotas», mais ça veut dire la même chose). C'est fou comme les gens paniquent quand on évoque ce type de mesure. Au moment du vote de la loi sur la parité en politique, en 1993, on a entendu beaucoup de craintes s'exprimer, notamment de la part de celles qui y voyaient la fin de la méritocratie au féminin, qui avaient peur de voir des femmes nommées «parce qu'elles sont femmes». Trente ans plus tard, près de quatre députés sur dix sont des femmes. Sans cette mesure, il aurait fallu un siècle, voire plus, pour arriver à ce résultat. Pour nous en convaincre, observons les municipalités, partiellement exemptées d'appliquer la loi sur la parité (les villes de moins de 1 000 habitants, qui représentent 74 % des communes, ne sont pas concernées). On est encore, en

---

1. Dans son rapport cité plus haut, le Haut Conseil à l'Égalité entre les femmes et les hommes préconise des *taux de progression annuels* pour favoriser la visibilité des femmes dans les lieux culturels et dans les programmations : un taux de progression de 10 % par an dans les lieux où *un déséquilibre fort apparaît*, et de progression de 5 % par an dans les autres cas. Un «bonus», soit une hausse des subventions, serait prévu pour les lieux qui respectent ces objectifs chiffrés et un «malus», soit une baisse de subventions, serait appliqué aux mauvais élèves. À la télévision, le Haut Conseil préconise pour le service public un objectif chiffré de 30 % de réalisatrices de fictions et de documentaires à atteindre en 2022.

Présentes en résistance

2020, à 84 % de mairies détenues par des hommes[1]. La loi Zimmerman-Coppé de 2011, qui impose la parité dans les conseils d'administration ? Ça a marché aussi. Aujourd'hui, 43 % des membres des les conseils d'administration sont des femmes, même si des biais sexistes sont encore à déplorer – persiste une fâcheuse tendance à nommer les hommes à la tête des comités prestigieux, comme les finances, et à confier aux femmes des comités moins valorisants, comme la responsabilité sociale et environnementale[2].

Puisque l'industrie culturelle peine à rémunérer les femmes, à produire et à exposer leurs œuvres, à leur décerner des prix, il faut créer des espaces où leurs noms pourront être acclamés. Il faut des politiques volontaristes, conscientes, dans les jurys, dans les listes de nominés, dans les maisons de disques, dans les chaînes de télévision, dans les maisons de production et d'édition, dans les musées d'art. Pour qu'on cesse d'attendre l'exception. D'espérer que surgisse la femme artiste qui, en dépit de tous les obstacles structurels, aura su faire reconnaître son œuvre. Oui, en appliquant des quotas, il existe le risque que certaines femmes à la valeur artistique discutable soient produites, exposées, éditées. Et alors ? Combien d'hommes médiocres occupent aujourd'hui les rayons des librairies avec des ouvrages qui seront oubliés

---

1. « La parité politique », *Vie publique*, septembre 2019.
2. Étude « The Role of Rookie Female Directors in a Post-Quota Period : Gender Inequalities within French Boards », Antoine Rebérioux et Gwenaël Roudaut, *Industrial Relations*, vol. 58, n° 3, juillet 2019.

Présentes

deux mois après leur sortie? Combien de navets insipides, remplis de blagues racistes et de stéréotypes sexistes, réalisés par des fils à papa geignards sortent au cinéma chaque année? L'égalité entre les hommes et les femmes sera atteinte lorsque les femmes auront droit à la même médiocrité que les hommes. Rassurez-vous, on a de la marge.

Vous vous demandez peut-être : est-ce que j'entends aussi par «quotas» la mise en place d'objectifs chiffrés pour qu'il y ait davantage de personnes non blanches et de personnes handicapées dans les médias et les arts? Mais oui! Et je le dis de la façon la plus détendue du monde, parce que je n'ai pas envie de revenir une énième fois sur la toxicité de l'universalisme à la française qui «ne voit pas les couleurs». Si vous avez compris par quels mécanismes les femmes sont dominées par les hommes, vous devez pouvoir comprendre comment les personnes blanches dominent les personnes racisées. Si vous êtes prêts à corriger les biais de l'une de ces discriminations, vous devez pouvoir aussi corriger l'autre. Toutes les autres.

Alors, ne vous mettez pas à hurler, on n'est pas obligé demain de faire voter une loi qui interdise à quiconque, sous peine d'amende, de produire un film dont l'équipe ne comprendrait pas 50% de femmes et 30% de personnes racisées. Déjà, je vous rappelle qu'il y a des lois contre le sexisme, le racisme et l'homophobie, et on ne peut pas vraiment dire qu'elles soient très efficaces. Les lois, ce n'est pas la panacée, parce qu'il y a toujours

Présentes en résistance

la possibilité de ne pas les appliquer. La loi sur la parité reste allègrement contournée par les partis politiques qui préfèrent payer de grasses amendes plutôt que de créer des listes véritablement paritaires[1]. Il y a plein de façons d'appliquer des quotas, et on n'est pas tenu d'attendre qu'il y ait des lois pour ça.

Par exemple, dans mes podcasts, je m'impose des quotas toute seule comme une grande. Je fais en sorte que la moitié de mes invitées soient des femmes queers ou racisées. Alors oui, il peut arriver que j'écarte de ma programmation une femme blanche parce que j'en ai «trop». C'est le prix de l'effort conscient pour garder l'œil ouvert sur les publications et les travaux des femmes queers et racisées. Je sors le nez de mes cercles, je prends la peine de chercher, et ce que je trouve, ce sont généralement des génies. Des femmes qui pulvérisent de leurs discours tout le système politique que je m'échine à essayer de faire trembler. Quand les lesbiennes parlent, quand les personnes trans parlent, leurs propos déconstruisent tout sur leur passage. Quand les femmes noires parlent, c'est un lance-flammes. Je peux vous garantir qu'on n'est pas sur un partage équitable de la médiocrité, mais plutôt sur un règne absolu de la flamboyance.

---

1. Selon le projet de loi de finances pour 2019, les 17 premiers groupements politiques français ont perdu 2,18 millions d'euros en 2018 pour n'avoir pas respecté la parité lors des élections législatives de 2017. Le parti Les Républicains arrive en tête : il a préféré débourser 1,78 million d'euros plutôt que de respecter la loi.

Présentes

On peut aussi faire des quotas quelque chose de joyeux, de sympa, en les voyant comme un horizon à atteindre, et non comme une contrainte. C'est ce qu'a fait Delphine Ernotte à France Télévisions pour faire grimper le nombre de femmes expertes dans les JT. Je ne sais pas exactement comment cela se passait en interne, mais je me l'imagine volontiers, tous les six mois, sabrant le champagne à la rédac parce que ses chef·fe·s de service ont fait l'effort de mettre +10 % de femmes expertes à l'écran. Ce qu'a fait le CNC n'est pas extrêmement contraignant non plus. Un film a toujours parfaitement le droit d'avoir une équipe technique 100 % masculine si ça lui chante. Mais maintenant que les cinéastes savent qu'avec une fiche technique paritaire ils gagneront 15 % d'argent en plus, vous verrez qu'ils le feront l'effort d'aller dégoter l'ingénieure du son la plus talentueuse ou de faire appel à cette jeune cheffe-opératrice prometteuse. On rêve, avec Prenons la une, de voir une mesure similaire appliquée à la presse, qui est aussi une industrie largement subventionnée. Imaginez comme ça serait simple : tu n'as pas 50 % de femmes rédactrices en chef ? Alors tant pis pour les sous. Idem dans les musées, les théâtres, les salles de concert : tu ne programmes pas assez de femmes ? Bye bye, le bonus. Évidemment que ça serait efficace ! Bien sûr que ça changerait le monde ! Qu'est-ce qui empêche d'appliquer cette méthode, si ce n'est l'ego surdimensionné du patriarcat blanc ? Je suis certaine qu'il existe d'autres façons, joyeuses et créatives, de faire évoluer

220

les représentations. Je sais qu'on pourrait s'inspirer de ce qui a été fait dans d'autres pays, par exemple en Angleterre, où la BBC applique depuis six ans des quotas ethniques pour améliorer la représentation des personnes noires et asiatiques sur ses antennes. Mais je ne vais pas faire tout le boulot à leur place. D'ailleurs, puisqu'on en parle...

4. Faire la révolution

Vous savez quoi? Dans ce chapitre, j'avais d'abord pensé énumérer plein de mesures très concrètes pour œuvrer à l'égalité entre les femmes et les hommes. J'allais vous dire des choses du type : il faut rétablir les ABCD Égalité, rappelez-vous, ce programme scolaire tout bête qui avait été proposé en 2013 par la ministre des Droits des femmes Najat Vallaud-Belkacem. Il était question de transmettre dès l'école primaire «une culture de l'égalité et du respect entre les filles et les garçons» pensée «dans une approche transversale, engageant l'ensemble des matières enseignées et des activités vécues : français, art, histoire, sport[1]». En gros, il s'agissait d'apprendre aux petites filles et aux petits garçons qu'ils étaient égaux. Ce projet hautement subversif avait poussé des tas de parents furibonds, naseaux crachant de la fumée, à appeler au boycott de

---

1. Site Des outils pour l'égalité entre les filles et les garçons, Réseau Canopé, ministère de l'Éducation nationale et de la Jeunesse.

Présentes

l'école[1], parce qu'on allait introduire la «théorie du genre» dans le cerveau de leurs pauvres enfants soigneusement hétéronormés. Du coup, on avait abandonné.

J'allais suggérer des choses dans cet esprit, des mesures que pourrait proposer n'importe quel·le élu·e politique dans son programme électoral. Des propositions comme : un congé paternité obligatoire et équivalent au congé maternité[2]. Eh bien oui, ça semble logique. Si les pères s'arrêtaient de travailler aussi longtemps que les mères à la naissance d'un enfant, cela diminuerait automatiquement les discriminations vis-à-vis des femmes à l'embauche. Si ça trouve, le père, il se mettrait à faire plus de tâches ménagères, et si ça se trouve, la mère, elle ne mettrait pas en péril sa carrière et sa santé. Il y a des solutions qui semblent simples! Mais, apparemment, elles ne le sont pas tant que ça : en avril 2018, au Parlement européen, le président de la République, interrogé sur son intention d'appliquer une recommandation de la Commission européenne allant dans ce sens a tranché : «J'en approuve les principes, mais c'est

---

1. En décembre 2013, sous l'impulsion d'une militante d'extrême droite, Farida Belghoul, plusieurs parents ont lancé l'initiative Journée de retrait de l'école (dite JRE), invitant à retirer leurs enfants de l'école une journée par mois pour réclamer «l'interdiction de la théorie du genre dans tous les établissements scolaires».
2. En France, la durée du congé paternité est de onze jours. En Espagne, il est de douze semaines depuis 2020 et passera à seize semaines en 2021. En Norvège, les parents peuvent se répartir quarante-six ou cinquante-six semaines, la mère et le père doivent chacun prendre au moins dix semaines. En Suède, le congé paternité est de douze mois à partager, avec deux mois minimum pour chacun des parents. En Finlande, chaque parent bénéficie de 6,6 mois chacun.

Présentes en résistance

une belle idée qui peut coûter très cher et finir par être insoutenable. » J'allais vous dire que ce serait bien, qu'on reconsidère cette « belle idée ».

J'allais, pleine de confiance, proposer qu'on donne plus de moyens à la recherche sur le genre. Vous savez, histoire qu'on ait plus de données, qu'on comprenne mieux les mécanismes de discrimination, sur le plan économique, historique, sociologique. Mais, dans la réalité, les universités proposant des masters en études de genre vont chercher leurs subventions avec les dents chaque année et, dans un discours prononcé en juin 2020, alors que d'énormes manifestations s'organisaient partout en France pour dénoncer les violences policières, le président de la République a estimé que « le monde universitaire a été coupable ». « Il a encouragé l'ethnicisation de la question sociale en pensant que c'était un bon filon », a-t-il poursuivi. Ainsi, donc, ce sont les sciences sociales qui sont responsables des tensions raciales, et pas le racisme. Intéressant…

J'allais être docile. Me donner du mal pour réfléchir à ce que les politiques peuvent faire, parce que, c'est sûr, on doit pouvoir y arriver, à l'égalité, dans cette société-là. J'allais même pousser le zèle jusqu'à suggérer des pistes de réflexion pour les hommes. Leur dire que, une fois qu'ils avaient compris qu'ils pouvaient, par exemple, commencer par la fermer deux minutes, ils pouvaient aussi militer. Parce que, si ce sont les femmes qui se tapent tout ce travail de rééquilibrage, il y a de fortes chances pour qu'elles soient épuisées au final et qu'on retombe à nouveau sur une situation où elles sont écrasées. J'allais inviter les hommes à faire du bénévolat, à monter des collectifs, à organiser des happenings, à écrire des tribunes féministes énervées, à s'engueuler avec tout le monde en portant ces idées. Ou juste à faire du lobbying dans leurs cercles de potes, voire à filer des sous aux collectifs et aux associations.

J'allais me conformer à ce plan-là. Parce que mon éditeur m'a dit : « Ce qui est important, si tu veux que les choses changent, c'est que tu proposes des solutions. » Eh bien je me rebelle contre cette instruction ! Car, les solutions, on les a, et depuis longtemps. L'ennui, c'est que chaque fois qu'émerge une microvolonté de les appliquer, on assiste à une telle levée de boucliers conservatrice que c'en est comique. C'est qu'ils et elles y tiennent à leur bel ordre hétérosexuel blanc. C'est qu'il ne faudrait pas trop menacer la situation confortable des dominants. Alors, on laisse les militantes et les chercheuses trimer, mener dix mille enquêtes, ramener des milliers de chiffres pour prouver qu'il y a un problème. On les laisse suer pour élaborer des propositions politiques. Et puis on leur demande d'argumenter, de négocier, de convaincre ; et puis, finalement, non. En fait, non. On va continuer comme avant. Lorsqu'Adèle Haenel décide de dénoncer le viol, on lui aménage des tribunes dans la presse, on applaudit la libération de la parole, mais, au final, on file le césar au violeur. Lorsqu'une femme a le courage de porter plainte contre un homme politique influent et déclenche l'ouverture d'une investigation pour viol, on le

Présentes en résistance

nomme ministre de l'Intérieur. Ça finira toujours comme ça, dans ce système-là.

De fait, le plan, c'est la révolution. On n'a plus vraiment le choix. Parce qu'il n'y a pas de progrès social sans mouvement social. Pour que ça marche, il faut tout retourner. Donc on va commencer par descendre dans la rue. C'est ainsi que commencent toujours les révolutions. Marcher, en gueulant, toutes en même temps. Et tant pis si on se fait gazer, et tant pis si on se fait prendre en nasse par des CRS qui n'ont plus aucune limite quand il est question de mater les mouvements de révolte, depuis qu'on leur a donné un blanc-seing pour réprimer les «gilets jaunes[1]». On va marcher parce que manifester ensemble, c'est déjà se compter. Ça permet de vérifier qu'on est nombreuses à vouloir que tout change. C'est se sentir le courage de renverser la force d'inertie colossale qui bloque en face. Il va falloir qu'on cesse d'être gentilles, de croiser nos jambes en s'asseyant et de répondre en souriant quand on nous harcèle. Il va falloir qu'on gueule très fort, qu'on ne soit pas belles.

Le 21 janvier 2017, j'étais à Washington, au cœur de la Women's March, immense manifestation féministe organisée le jour de l'intronisation de Donald Trump pour protester contre son élection. C'était une émotion

---

1. En novembre 2019, on comptabilise 212 enquêtes ouvertes pour des soupçons de violences policières en lien avec le mouvement des «gilets jaunes». Sur les 146 procédures déjà conclues, 54 ont été classées sans suite. «Violences policières et gilets jaunes, pourquoi 54 enquêtes classées sans suite?», *La Croix*, novembre 2019.

Présentes

immense, une exaltation qui montait du ventre au même rythme que les tambours et les slogans. J'avais le sentiment d'être embrassée par un raz-de-marée d'amour. C'était physique, presque sexuel. On était 500 000 femmes dans les rues de Washington ce jour-là. Et dans le monde, pas loin de 5 millions[1]... Le mouvement de la Women's March a méchamment morflé depuis. Les divisions et les polémiques ont fait rage, et les rangs des féministes américaines, épuisées, se sont clairsemés. Bien sûr qu'elles sont à bout. Elles viennent de se prendre le retour de bâton dans la figure. Le Président orange a montré qui était le chef. Il a mis des gosses mexicains dans des camps de concentration et placé un juge anti-avortement[2] à la Cour suprême, histoire de bien clarifier les choses. Lui, le Président qui attrape les femmes par la chatte[3], n'allait pas se laisser impressionner par une bande de féministes hystériques. Mais je reste convaincue qu'on a assisté, ce 21 janvier 2017, au début d'une grande marche qui va rejaillir là, maintenant, très vite. Parce que la période que nous sommes

---

1. « This is what we learned by counting the women's marches », *The Washington Post*, février 2017.
2. Brett Kavanaugh, nommé en novembre 2018, et par ailleurs accusé de tentative de viol en 1982.
3. En marge d'une interview pour NBC Today en 2005, Donald Trump a fait des confidences sur sa façon d'embrasser les femmes sans leur consentement : « When you're a star they let you do it. You can do anything... Grab them by the pussy. You can do anything. » (« Quand tu es une star, elles te laissent faire. Tu peux faire ce que tu veux, les attraper par la chatte, ce que tu veux. ») La bande de cet enregistrement a fuité pendant la campagne présidentielle américaine de 2017.

Présentes en résistance

en train de traverser nous montre chaque jour que, dans les moments de crise, ce sont d'abord les femmes et les minorités raciales qui trinquent. Et il est hors de question que nous nous laissions faire.

Aller dans la rue avec des pancartes et des mégaphones, c'est pour les femmes la façon la plus subversive d'occuper l'espace public. Marcher dans la rue sans peur. Être visibles, peinturlurées. Parler haut et fort, assumer nos opinions. C'est tout l'inverse de la place à laquelle nous sommes assignées. Manifester est une lutte contre la silenciation. Les gouvernants le savent et vont tout faire pour nous en décourager. Les violences policières, qui étaient jusqu'ici l'outil préféré de l'État pour faire taire les hommes d'extrême gauche et les hommes racisés[1], commencent à frapper tous les mouvements de contestations sociales. Lors de la manifestation féministe le soir de la cérémonie des césars 2020, j'ai vu une femme en béquilles être jetée à terre par un RoboCop de la police, casqué et armé, et la marche féministe et antiraciste de nuit du 7 mars 2020, à Paris, s'est soldée

---

1. Parmi ces hommes victimes de violences policières depuis 1980, citons : Lahouari Ben Mohamed, octobre 1980 ; Bruno Zerbib, octobre 1982 ; Loïc Lefèvre, juillet 1986 ; Malik Oussekine, décembre 1986 ; Christian Dovéro, février 1988 ; Aissa Ihich, mai 1991 ; Makomé M'Bowolé, avril 1993 ; Fabrice Fernandez, décembre 1997 ; Habib Ould Mohamed, décembre 1998 ; Zyed Benna et Bouna Traoré, octobre 2005 ; Abdelhakim Ajimi, mai 2008 ; Amine Bentousi, avril 2012 ; Nabil Mabtoul, juin 2012 ; Rémi Fraisse, octobre 2014 ; Mehdi Bouhouta, septembre 2015 ; Adama Traoré, juillet 2016 ; Jérome Laronze, mai 2017 ; Luis Bico, août 2017 ; Selom et Matisse, décembre 2017 ; Gaye Camara, janvier 2018 ; Aboubakar Fofana, juillet 2018 ; Henri Lenfant, septembre 2018 ; Steve Maia Caniço, juin 2019 ; Cédric Chouviat, janvier 2020.

par une charge de la police et des violences exercées contre les manifestantes. On en est là. C'est un combat physique qui s'engage. Mais c'est ça ou attendre éternellement d'être entendues.

Alors, non, du coup. Je ne vais pas passer en revue les solutions. Messieurs qui tenez les manettes, si vous voulez régler le problème dans les formes, je vous invite à consulter les dizaines de rapports et d'ouvrages que je me suis embêtée à lister dans les notes de bas de page de ce bouquin. Tout est là. Ce travail-là est fait. Ce qu'il manque maintenant, c'est votre volonté. Or chaque jour on constate qu'elle est nulle, et que l'idée de vivre dans un monde où le consentement serait un vrai concept et où vous n'écraseriez pas économiquement les femmes, les personnes queers et les personnes racisées ne vous emballe pas plus que ça. Je vais vous laisser y cogiter dans votre coin. Et dans cette dernière ligne droite avant la fin de ce livre, je vais plutôt égrener quelques pistes pour les femmes qui souhaiteraient rejoindre le mouvement.

L'idée, c'est qu'il faut qu'on fasse éclater au grand jour le fait qu'on ne tolère plus tout ça. Notre colère doit être visible et immense. Il faut que ça claque. Quand Adèle Haenel quitte les césars dans sa robe de soirée en applaudissant et en criant «Bravo la pédophilie», c'est ce qu'elle fait. Quand Alice Coffin et les militantes de La Barbe[1] se pointent, avec de fausses barbes, dans les

---

1. Groupe d'action féministe fondé en 2008, La Barbe «dénonce le monopole du pouvoir, du prestige et de l'argent par quelques milliers d'hommes blancs». Ses activistes infiltrent toutes sortes de réunions composées à 90 %

Présentes en résistance

assemblées où trônent plus de 90 % d'hommes blancs, c'est ce qu'elles font. Quand Anaïs Bourdet transforme en objet design les insultes sexistes qu'elle reçoit sur les réseaux sociaux et les vend sur son site Mauvaise Compagnie au profit d'associations féministes intersectionnelles, c'est ce qu'elle fait. Quand Rokhaya Diallo, avec son association Les Indivisibles, remettait des Y'a Bon Awards aux journalistes ayant commis les pires saillies racistes de l'année, c'est ce qu'elle faisait. C'est mettre le volume à fond, braquer les projecteurs sur l'absurdité du cirque de la domination patriarcale. Ces femmes disent : « On vous voit ! » Et elles se marrent, en prime, car il y a, dans chacun de ces actes flamboyants, une bonne dose d'humour et d'ironie. Je dois reconnaître que les Femen sont super fortes pour créer ces images-là. Elles disent beaucoup de bêtises au sujet des femmes qui portent le voile, mais quand, le jour de la Saint-Valentin 2020, elles s'attachent à un pont de Paris, leurs seins nus ornés du slogan « Je ne t'aime pas à en mourir » pour dénoncer les féminicides, il faut bien avouer que ça a de la gueule. Elles maîtrisent les codes de notre civilisation de l'image. Pas étonnant que le collage des affiches antiféminicides, qui a commencé à Paris fin août 2019, avant d'essaimer dans toute la France, soit apparu sous l'impulsion d'une ancienne Femen. Écrire le nom des victimes de féminicide en énorme sur les murs de la ville,

---

d'hommes blancs, souvent publiques, déguisées d'une barbe. Le but : rendre visible leur absence avec humour. Et elles n'y vont pas de main morte ! La Barbe, c'est plus de 230 actions en dix ans.

Présentes

c'est désigner la domination de la façon la plus déso-béissante qui soit. Placarder les villes de nos slogans, de nos mortes et de nos revendications, lors d'opérations menées clandestinement, de nuit, par des femmes en colère, est devenu ces derniers temps un geste de reven-dication féministe puissant.

Nous avons aussi beaucoup à apprendre des femmes argentines, qui mènent une campagne acharnée pour obtenir le droit à l'IVG, organisant depuis quelques années des actions plus éblouissantes les unes que les autres. En octobre 2019, à quelques semaines de l'élec-tion présidentielle, 200 000 manifestantes se rassem-blaient à La Plata afin d'adresser leurs revendications aux candidats. La manifestation s'étirait sur trois kilo-mètres, infinie coulée verte, couleur de la lutte pour le droit à l'avortement[1]. Anaïs Bourdet, la créatrice du site Paye ta shnek, qui a vécu là-bas un temps, a tout appris d'elles : «Les mobilisations en Argentine, c'est des avenues à quatre voies remplies, des bus qui partent chercher toutes les femmes dans les provinces… c'est une vraie leçon. Moi qui suis graphiste, je suis en pâmoison devant leur activisme. Il existe un collectif dont l'objet est de diffuser des pochoirs pour que toutes les femmes puissent se mettre à couvrir les murs des villes de graffitis. C'est du piratage, et l'occupation d'un espace dont les hommes nous évincent par la peur. Faire

---

1. «Argentine : des dizaines de milliers de femmes mobilisées à l'approche des élections», *Le Monde*, octobre 2019.

Présentes en résistance

ça, c'est se réapproprier la rue, le bitume, les immeubles. C'est une forme de rébellion contre la domination masculine dans l'espace public.» Anaïs aime tellement ces manifestations de riposte qu'elle leur a consacré un podcast, *Yesss*, dans lequel des femmes racontent leurs coups d'éclat et leurs victoires sur le sexisme dans toutes les circonstances de la vie. L'important, c'est la production d'images fortes qui marquent les imaginaires et ne peuvent plus jamais être effacées. Vous visualisez cette photo de l'artiste Valie Export, qui braque un fusil vers l'objectif, le cheveu hirsute et le jean ouvert sur son pubis? Si ça ne vous dit rien, googlelisez-la. Vous comprendrez ce que je veux dire.

Ces dernières années, les images féministes qui m'ont le plus marquée ont toutes en elles cette dimension. C'est l'étudiante parisienne Marie Laguerre qui envoie un cendrier à la figure de l'homme qui la harcèle dans la rue, récupère un extrait de la scène filmée par une caméra de vidéosurveillance et la diffuse pour alerter sur le harcèlement de rue[1]. C'est la fanfare Trente Nuances de Noires, créée par Sandra Sainte-Rose Franchine, qui parade en vêtements lamés en chantant «Fuck you» sur un air de gospel[2]. C'est l'actrice américaine Jane Fonda qui, chaque jour, se fait arrêter sur les marches du

---

1. *Rebellez-vous! Le harcèlement de rue et les violences font partie du quotidien des femmes. Ce jour-là j'ai dit non*, Marie Laguerre, avec la journaliste Laurène Daycard, L'Iconoclaste, 2020.
2. Une scène à admirer sur le compte Instagram @30nuancesdenoires (vidéo postée le 19 novembre 2017).

Présentes

Congrès américain, sous les objectifs de la presse, pour alerter sur le réchauffement climatique. C'est la députée australienne Larissa Waters qui allaite son bébé dans l'hémicycle, en mode rien à foutre. C'est cette jeune habitante de Birmingham, Saffiyah Khan, qui tient tête, sourire aux lèvres, à un militant d'extrême droite sur une photo qui a fait le tour du monde[1]. Ou cette infirmière africaine-américaine, Ieshia Evans, qui se dresse seule face à une rangée de policiers armés jusqu'aux dents lors d'une manifestation antiraciste à Bâton-Rouge, en Louisiane, en juillet 2016[2]. C'est encore Assa Traoré, le 13 juin 2020, dressée sur un camion au milieu d'une place de la République noire de monde, qui scande «Pas de justice, pas de paix!» sous le regard de centaines de CRS armés jusqu'aux dents.

Au quotidien, cela se joue à peu de chose: une démarche, un maintien, une façon de tracer tout droit dans la ville à grands pas décidés, en baskets, mains dans les poches. Une manière de soutenir le regard de son interlocuteur et d'exprimer ses idées sans s'en excuser. Comme le dit Marie Dasylva, il faut «arriver dans une pièce avec la confiance d'un homme blanc du CAC 40». Elle précise : «Dans la lutte contre les oppressions,

---

1. Une photographie prise par Joe Giddens, d'Associated Press, le samedi 8 avril 2017, à Birmingham, lors d'une manifestation de l'English Defence League (EDL), groupe d'extrême droite britannique. Saffiyah Khan a expliqué par la suite qu'elle venait en aide à une femme musulmane voilée encerclée par des militants menaçants de l'EDL.
2. C'était lors d'une manifestation pour dénoncer le meurtre d'Alton Sterling par deux policiers, le 5 juillet 2016.

Présentes en résistance

on nous parle tout le temps de dialogue. Oublions le dialogue ! Il faut créer le rapport de force pour que le dialogue soit possible. Et cela passe par la posture, par la manière dont on va se présenter.» Le soir de sa conférence au Carreau du Temple, elle a donné plusieurs exemples pour nous inspirer. Et parmi ces sources d'inspiration, il y avait... François Fillon : «J'ai envie de faire une ode à François. J'ai d'ailleurs un poème dans mon cahier qui s'appelle "Ode à François". Est-ce que vous vous rappelez la course à la présidentielle ? François, notre troisième homme, a potentiellement volé des millions d'euros. Mais le gars dit : «Je vais quand même passer à la télé. Je vais quand même mettre un costard cintré, je vais monter sur une scène, et je vais dire à tous les Français que la France est plus grande que mes erreurs.» Extraordinaire ! Quand François Fillon arrive sur cette estrade, l'air grave, il a plus de casseroles qu'une cuisine Ikea, mais il a quand même le dos droit. Le regard grave. Quelle assurance, quel brio !» Soyons plus comme François Fillon, les amies ! Tenons-nous droites et ne nous excusons plus. Décidons d'être fières de nos accomplissements. En juin 2018, des milliers de chercheuses détentrices de doctorats dans toutes sortes de disciplines se sont mises à ajouter «Dr» à leurs noms sur Twitter, pour revendiquer ce titre que leurs homologues masculins ne rechignent que rarement à utiliser. C'est ça l'idée !

Et si vous inspirer des patrons du CAC40 ou de François Fillon vous révulse, ce que je peux comprendre, tournez-vous vers une autre source d'inspiration : la communauté LGBTQIA. Que font les personnes queers lorsqu'elles marchent dans la rue, chaque année, à l'occasion de la Gay Pride, le corps couvert de paillettes, brandissant des drapeaux multicolores, dansant sur des chars flamboyants au rythme des enceintes crachant de la musique à 120 battements par minute ? Ils et elles font du bruit, ils et elles se montrent. Ils et elles sont fier·e·s ! Revendiquer la fierté, c'est un acte politique quand son identité est source de honte et de mépris. Crier qu'on est fier et fière d'être soi est une révolution. Petite parenthèse ici : il y a de nombreux enseignements à tirer de la pensée queer, cette théorie politique apparue aux États-Unis sous la plume d'Eve Kosofsky Sedgwick et de Judith Butler[1]. On pourrait notamment réfléchir à l'idée de sortir de la «contrainte à l'hétérosexualité»[2], ce qui nous épargnerait bien des ennuis. Mais vous n'êtes peut-être pas encore tout à fait prêt·e pour cela, alors je garde cette partie pour un prochain essai. Contentons-nous pour l'instant de reconnaître à la communauté LGBTQIA la formidable capacité à créer des outils de résistances visibles et de leur exprimer ici notre reconnaissance.

Mais faire tout ça, c'est fatigant. Je vais dès lors vous

---

1. La pensée queer s'est développée aux États-Unis, mais a été inspirée du travail de deux Français, Monique Wittig et Michel Foucault, dont les écrits ont été incroyablement mieux compris outre-Atlantique qu'en France.
2. *La Contrainte à l'hétérosexualité et autres essais*, Adrienne Rich, Éditions Mamamélis, 2010.

Présentes en résistance

donner une deuxième instruction. Prenez soin de vous. Vraiment soin de vous. La notion de « *self care* » (le soin de soi) a émergé avec la dernière vague du mouvement féministe. Cela peut vouloir dire beaucoup de choses. Par exemple, savoir se couper des informations et des réseaux sociaux quand le bruit du monde nous déprime et/ou nous fait ressentir trop fort l'oppression subie. Ou renoncer, dans le but de préserver son énergie, à intervenir lorsqu'à la table familiale un oncle sort une effroyable blague sexiste. Cela peut aussi consister à préparer un bon repas, boire beaucoup d'eau, bien dormir, se mettre une super crème sur la peau, ne plus s'épiler les jambes ou bien à l'inverse s'offrir une séance d'épilation pour avoir la peau douce (ici encore : on fait ce qu'on veut). S'appliquer une politique de *self care*, c'est décider que personne au monde ne prendra mieux soin de nous que nous-mêmes. Une idée parfois très mal comprise. J'ai entendu ces dernières années des militantes à l'ancienne, exaspérées par ce concept, déplorer que, maintenant, le féminisme consiste à « se faire des manucures entre copines ». Il ne s'agit pas de cela. Le *self care*, c'est se protéger de la charge émotionnelle et mentale qu'implique le fait de militer. C'est revendiquer l'importance de sa santé. Le *self care*, c'est se protéger du « burn-out militant », expression apparue ces dernières années pour désigner l'état de fatigue extrême, frisant la dépression, que les activistes finissent par connaître à force de passer leur temps libre à militer. Plusieurs de mes invitées au Carreau

235

Présentes

du Temple en sont passées par là. Revendiquer le *self care*, c'est réclamer du temps pour soi là où les femmes sont éduquées à consacrer leur temps aux autres. C'est politique.

Cette tradition du *self care* prend ses racines dans le mouvement afroféministe. Ici encore, je vous propose d'exprimer notre reconnaissance et notre respect. Elle n'a jamais été aussi bien formulée que par le collectif afroféministe lesbien Combahee River, actif à Boston de 1974 à 1980, dont le manifeste est considéré comme fondateur du mouvement : «Nous nous rendons compte que les seules personnes qui s'intéressent suffisamment à nous pour travailler de manière consistante pour notre libération, c'est nous-mêmes. Notre politique naît d'un sain amour pour nous-mêmes, nos sœurs et notre communauté, qui nous permet de continuer notre lutte et notre travail[1].» Cette notion a été pensée pour les femmes qui subissent à la fois le sexisme et le racisme, des femmes à qui il est plus qu'aux autres interdit de se mettre en colère, sous peine d'être renvoyées au stéréotype raciste de la «angry black woman» («femme noire agressive»). La promotion du *self care* a été magistralement assurée par les icônes africaines-américaines modernes de la pop, comme Beyoncé («Nous les femmes, nous devons prendre du temps pour notre santé mentale, un temps pour soi, pour le spirituel, sans

---

1. «Déclaration du Combahee River Collective», traduction de Jules Falquet, *Les cahiers du Cedref*, 2006.

Présentes en résistance

se sentir coupables ou égoïstes[1]»). Prendre soin de soi, c'est enfin refuser de céder à l'injonction à la pédagogie. Vous savez, cette pulsion qu'ont les hommes à vouloir qu'on leur explique sans cesse pourquoi on n'est pas contentes, ce qu'on attend d'eux et qu'on propose des solutions ? Marie Dasylva préconise un outil précieux : celui des trois cents secondes. «La question de la domination est très temporelle, explique-t-elle. Pour me dominer, une personne doit avoir accès à mon temps. Si je lui donne de mon temps, je lui ouvre la porte à mes émotions. Expliquer notre oppression, c'est donner le pouvoir à la personne de valider si je suis un être humain ou pas. J'ai donc décidé que j'avais chaque jour cinq minutes à consacrer au racisme, pas une minute de plus.» Il me semble que ce conseil peut s'appliquer avec pertinence au sexisme et à l'homophobie. Si vous ne passez pas plus de cinq minutes par jour à essayer d'éduquer quelqu'un qui, de toute façon, ne se rangera jamais à votre avis, vous gagnez un temps fou pour vous, pour prendre un bain, lire un livre féministe ou boire un verre avec des amies qui sont toutes d'accord avec vous. Ce qui est reposant.

Enfin, j'ai une dernière recommandation. Un mot qu'étrangement je n'ai pas encore écrit dans ce livre, alors que je l'adore. Peut-être que je ne l'ai pas utilisé parce que j'ai tenté d'avoir un propos sérieux, étayé,

---

1. «Women have to take the time to focus on our mental health-take time for self, for the spiritual, without feeling guilty or selfish», interview de Beyoncé dans *Elle Magazine US*, mai 2016.

Présentes

de tenir des propos «rationnels» afin que les personnes «pas convaincues» qui me liront entendent bien mon propos (oui, j'en ai conscience, ce livre ne répond pas du tout à la règle des trois cents secondes, d'ailleurs, si vous voyiez mon visage cerné à l'heure où j'écris ces lignes, vous seriez saisi·e de l'envie de me faire un massage ou une tisane). Ce mot, quand on le prononce, charrie une forme de douceur gentille, voire de mièvrerie. C'est le mot «sororité». Employé pour la première fois en 1970 par la poétesse féministe américaine Robin Morgan[1], il a ressurgi récemment et les militantes féministes contemporaines se sont jetées dessus. Moi la première. C'était exactement ça : les femmes sont mes sœurs et j'agis pour cela, pour manifester une communauté de destins avec toutes celles qui subissent, comme moi, l'oppression patriarcale.

Se tenir toutes la main est un geste politique. Cela revient à appliquer aux femmes un gimmick que les hommes ont appris à reproduire depuis des siècles à travers les systèmes de cooptation et autres *boys clubs*, que la sociologue Françoise Gaspard n'hésite pas à appeler «fratiarcat[2]». La sororité est un outil féministe puissant. La sororité a rendu possible l'organisation des femmes du cinéma en collectif, et elle surgit un peu partout ces derniers temps dans le monde de la culture, quand on voit des chanteuses faire des duos pour se

---

1. *Sisterhood is Powerful. An anthology of writings from the Women's Liberation*, Robin Morgan, Washington Square Press, 2003.
2. «Du patriarcat au fratiarcat. La parité comme nouvel horizon du féminisme», Françoise Gaspard, Cahiers du genre, hors-série n° 2, 2011, p. 135-156.

Présentes en résistance

donner de la visibilité à l'une et à l'autre, ou lorsque, sur les réseaux sociaux, des femmes mettent en avant le travail d'autres femmes dans le même domaine que le leur. On peut l'appliquer aussi au quotidien, je m'efforce pour ma part d'en faire une hygiène de vie, en faisant passer des CV de femmes, en distillant des encouragements aux femmes de mon entourage, en les mettant sur les bons coups, en partageant avec elles les fruits de ce que je récolte. En faisant d'elles des sœurs. La sororité nous sort de l'isolement physique et psychique auquel nous restons encore condamnées. En créant des alliances, on gagne de la force[1]. Cette notion est au cœur de l'ouvrage *Mes biens chères sœurs* (Seuil, 2019) de l'autrice Chloé Delaume. Elle écrit : «La sororité est une attitude. Ne jamais nuire volontairement à une femme. Ne jamais critiquer publiquement une femme, ne jamais provoquer le mépris envers une femme. La sororité est incluante, sans hiérarchie ni droit d'aînesse. Cercle protecteur, horizontal [...] C'est créer, par la qualité des liens, une relation qui amène à l'état de communauté féministe. Une communauté soudée, animée par la même volonté de déjouer les stratégies paternalistes et la violence sexiste ordinaire, terreau fertile aux viols et aux uxoricides[2].» C'est un chouette projet, la sororité.

---

1. Anaïs Bourdet a d'ailleurs puisé dans cette notion l'inspiration pour son dernier projet : un compte Instagram intitulé «Sisi la famille», consacré aux actes de solidarité spontanés que des femmes lui rapportent.
2. Ce mot désigne le meurtre de son épouse par un homme.

Présentes

Mais attention. Ce concept peut sembler confortable et léger, mais il est en réalité un programme politique. Un programme qui implique qu'on s'interroge sur ses privilèges et qu'on inclue dans le processus absolument toutes les femmes. Ce qui ne va pas de soi. Je ne sais pas exactement dans quelles mains tombera cet ouvrage. Mais il y a fort à parier qu'une bonne partie de mon lectorat sera constituée de femmes qui me ressemblent, des femmes blanches issues d'un milieu relativement aisé, parce que ce sont ces femmes qui me lisent et qui me suivent depuis les lointaines années où je travaillais au magazine *Elle*. C'est à elles en particulier que je voudrais m'adresser dans ces dernières pages. La sororité ne veut pas uniquement dire filer un coup de pouce à vos amies. Car, si vous ne l'appliquez qu'aux femmes qui sont comme vous, vous passez à côté de l'idée. Ce que je préconise, c'est la sororité avec les femmes noires, les femmes lesbiennes, les femmes trans, les femmes voilées, les femmes grosses, les femmes handicapées, les femmes vieilles, les femmes pauvres, les travailleuses du sexe, les femmes «gilets jaunes», les femmes en prison, les femmes SDF, les femmes folles, les femmes malades... Bref, toutes les femmes. Néanmoins, pour bien faire, il faut vous départir des émotions de compassion charitable vis-à-vis de ces femmes qu'entretient soigneusement chez vous la lecture des journaux féminins. Non, ces femmes n'ont pas besoin que vous les plaigniez ou que vous les sauviez. Elles ont besoin, comme vous, d'être écoutées, crues et comprises.

240

Présentes en résistance

Paradoxalement, pour vous préoccuper correctement de ces sœurs-là, il va falloir commencer par vous interroger sur les oppressions que vous subissez, vous. Que vous arrêtiez de penser que vous vivez à la cool dans un pays libre où le féminisme n'est plus vraiment une nécessité. Vous comprendrez peut-être alors que vous êtes affamées, parce que vous êtes au régime depuis que vous avez 15 ans. Vous comprendrez peut-être que vous avez été victimes d'agressions sexuelles, là où vous pensiez qu'il ne s'agissait que de «drague lourde». Vous comprendrez peut-être que votre corps de femme n'est pas le bienvenu dans les cercles de pouvoir où officient vos maris. Et vous ouvrirez les yeux sur ce qui fait système. Ensuite, vous n'aurez plus qu'à décliner : si vous comprenez l'oppression de genre, vous pourrez comprendre l'oppression de race, l'oppression validiste, l'oppression homophobe, l'oppression de classe. Et alors, peut-être qu'une lueur s'allumera dans votre esprit : vous-même, en tant que femme blanche, hétérosexuelle, bourgeoise et valide, vous entretenez ces systèmes d'oppression.

Je sais que ça fait mal, mais vous devez l'entendre : les femmes blanches contribuent à la perpétuation de l'ordre racial de la société. Un chiffre symbolique pour le prouver : aux États-Unis, en 2017, 52 % des électrices blanches ont voté pour Trump, contre 4 % des électrices noires[1]. Oui, c'est douloureux. Douloureux aussi de

---

1. Sondage de sortie d'urnes, CNN, 23 novembre 2017.

Présentes

prendre conscience du fait que les femmes blanches ont réussi, ces dernières décennies, à grimper les échelons de la société en exploitant les corps de femmes racisées. Pendant que nous arpentons notre milieu professionnel, rentrons tard de réunions et brisons joyeusement le plafond de verre, ce sont des femmes noires, des femmes arabes, des femmes asiatiques, souvent venues de l'hémisphère Sud, qui prennent soin de nos gosses et nettoient nos maisons. Ce mécanisme nourrit l'idéologie la plus sournoise, la plus pernicieuse de notre époque : le fémonationalisme, concept théorisé par la chercheuse féministe marxiste Sara R. Farris[1]. Dans un texte intitulé «Toutes les féministes ne sont pas blanches[2]», l'historienne Françoise Vergès le définit ainsi : «Le fémonationalisme a développé l'argument suivant : ces femmes – surtout musulmanes – doivent être sauvées de la domination masculine dont la brutalité est inhérente à leur culture, et leur émancipation se fera en les encourageant à entrer dans le marché néolibéral du travail. Les métiers qui les attendent – aides-ménagères, aides à la personne, aides à l'enfant ou employées dans l'industrie des services de nettoyage – leur feront gagner de l'autonomie, et aideront les femmes des classes moyennes européennes à accéder à une vie professionnelle. Les féministes blanches, qui soutiennent ces campagnes, trouvent naturel d'encourager des femmes à occuper des

---

1. *In the Name of Women's Rights. The Rise of Femonationalism*, Sara R. Farris, Duke University Press, 2017.
2. Publié par la revue *Le Portique*, disponible en ligne, p. 39-40, 2017.

242

Présentes en résistance

fonctions que le féminisme, en son temps, avait dénoncé comme aliénantes et que la domination masculine avait réservé aux femmes – domesticité, soins aux enfants et aux personnes âgées, soins aux malades.» Cette idéologie sous-tend également les discours des «féministes» françaises qui se permettent encore d'expliquer aux femmes musulmanes portant le voile comment elles doivent vivre. C'est du *womansplaining*. Et c'est intolérable. Je sais que c'est compliqué à entendre, mais il me semble que prendre conscience de ce mécanisme, le nommer et le questionner, c'est faire un pas vers la véritable sororité.

«Aussi longtemps que les femmes utiliseront leur pouvoir de classe ou de race pour dominer d'autres femmes, la sororité féministe ne sera pas pleinement réalisée», écrit l'autrice et militante africaine-américaine bell hooks dans son essai *Feminism is for Everybody. Passionate Politics* (Pluto Press, 2000). Traquons de toutes nos forces ces mécanismes ancrés. Cessons de parler et de décider pour d'autres femmes. Luttons contre cette tendance qui nous pousse inconsciemment à faire subir le mécanisme de silenciation que nous subissons à d'autres de nos sœurs. Arrêtons de soutenir les campagnes d'abolition de la prostitution sans avoir jamais tendu l'oreille aux travailleuses du sexe. Cessons de présumer des émotions des femmes handicapées sans avoir jamais pris la peine de dialoguer avec elles. Abstenons-nous de développer des théories ineptes sur les femmes trans sans que jamais leurs voix résonnent dans nos médias. Notre responsabilité est immense. Nous

Présentes

avons une révolution sur le feu, je vous le rappelle. Et pour avoir une chance de l'emporter, il faut que nous soyons toutes, vraiment toutes, présentes dans le cortège, avec toutes nos voix, toutes nos vies, tous nos «je».

Une fois que nous nous serons assurées de tout ça, qu'on se tiendra bien droites, qu'on ne s'excusera plus, qu'on sera bien hydratées, qu'on se serrera les coudes et qu'on n'écrasera pas au passage des femmes moins privilégiées que soi, alors on pourra appliquer le plan. Et le plan, à l'heure où j'achève ce livre, se résume en une ligne écrite au vitriol par la romancière Virginie Despentes, au lendemain de la cérémonie des césars 2020. Une ligne qui soulève un indicible espoir : «C'est terminé. On se lève. On se casse. On gueule. On vous emmerde[1].»

---

1. Tribune «Césars : "Désormais on se lève et on se barre"», Virginie Despentes, *Libération*, 1er mars 2020.

CONCLUSION

Le 22 juin 2005, Julia s'est levée tôt, un peu stressée, parce que c'était le jour de sa soutenance de stage. Elle avait rendez-vous à l'IUT d'Orléans, en début d'après-midi, avec son professeur principal, son maître de stage, et quelques camarades venus la soutenir. Elle avait terminé avec brio son stage de deux mois dans une agence de publicité orléanaise. Dans quelques heures, elle serait diplômée d'un DUT de gestion d'entreprise et d'administration, prête à décoller pour la capitale, où une école de communication et un petit studio l'atten-daient sagement. Elle ne savait pas trop quoi mettre, alors elle a piqué une jupe, noire et blanche, dans le placard de sa grande sœur, avant d'avaler un déjeuner rapide et de sauter dans sa Clio. Elle était joyeuse et confiante, mais ressentait aussi une vilaine boule au ventre. Depuis deux ans, un garçon de sa promo la harcelait. C'étaient des gestes menaçants, des mots bles-sants, des regards appuyés, des messages sarcastiques postés sur Internet. Un jour, en cours, il avait sorti de son sac un cran d'arrêt. Il se postait à l'angle de chez elle et l'observait longtemps. Julia avait peur. Elle avait alerté

Présentes

ses parents, qui étaient allés sermonner le jeune homme, en vain. Elle avait alerté une amie avocate qui lui avait dit que ça ne servirait pas à grand-chose de déposer une main courante. Elle avait alerté la direction de l'IUT, qui lui avait dit que c'était normal qu'elle attire l'attention des garçons, une belle fille comme elle. Plus tard, elle y était retournée pour dire : «J'ai peur qu'il ne vienne perturber ma soutenance, pouvez-vous faire surveiller l'entrée de l'université?» Mais, ce jour-là, il n'y avait aucun vigile à l'entrée.

Vers la fin de sa soutenance, à 15h30, le garçon est apparu à la porte de la salle, vêtu d'un manteau noir et armé d'une carabine 22 Long Rifle. Je n'avais jamais entendu «22 Long Rifle» avant ce jour. Mais il est dans ma mémoire pour toujours, le nom de cette carabine qui a été exposée sous mes yeux pendant des heures, comme pièce à conviction, le jour du procès. Il a tiré trois balles sur elle, à bout portant. Elle est morte. Julia était ma petite sœur. Elle avait 20 ans.

Le lendemain, dans la presse, on parlait de son meurtre comme du «coup de folie d'un amoureux éconduit».

Son assassin était un harceleur en série. Depuis le collège, il prenait pour cibles des jeunes filles de sa classe. Quatre d'entre elles ont témoigné au procès. Il avait tenté d'étrangler l'une d'elle. En avait giflé une autre. À chaque incident, les parents du garçon – de bonne famille – étaient convoqués. Il était mollement sermonné et un transfert d'établissement scolaire était

Conclusion

discrètement organisé, sans que la moindre ligne soit jamais portée à son dossier.

Cela fait quinze ans que je porte cette histoire en moi. Je ne peux toujours pas traverser les allées qui séparent l'entrée du cimetière de la tombe de ma sœur sans gémir et trembler. Je suis atteinte de stress post-traumatique. Je ne supporte pas la vue des armes à feu (lourd inconvénient quand on vit dans un Paris post-Bataclan où les mitrailleuses des policiers patrouillent du soir au matin), je m'effondre à la moindre expression de violence masculine et je suis fréquemment saisie de crises de panique. Je vis ma vie, heureuse, aimée, je connais l'épanouissement et le succès, mais je pleure ma sœur, silencieusement, depuis quinze ans.

Si j'ai la force de vous confier cela aujourd'hui, c'est peut-être parce que l'époque est au basculement. J'ai le sentiment que je dois dire «je». Moi aussi. Question de cohérence. Ça devient lourd de porter cette charge sans broncher. Et puis je grandis et commence à comprendre le sens du mot «deuil». À moins qu'il ne s'agisse de la culpabilité profonde que je ressens à voir mon nom s'inscrire ainsi sur la couverture d'un livre, quand celui de ma sœur, Julia Bastide, est oublié. Comme celui de toutes les victimes de féminicides. Le sien ressort néanmoins dans les médias, de temps en temps, à l'occasion de retours sensationnalistes sur d'anciens «dossiers criminels» ou d'émissions racoleuses «spéciale scènes de crime» où l'on emploie à tout bout de champ l'expression «passion fatale». Je vous avoue que ça me fait quelque chose de voir, en 2020, sur les murs de ma ville, des collages qui hurlent qu'on ne tue pas par amour.

Vous allez rire, j'ai mis très longtemps à comprendre que ma sœur avait été victime de féminicide. Cela ne m'est arrivé à l'esprit que récemment, il y a à peine un an. Ce n'est pas pour ma sœur que j'ai décidé de devenir féministe. J'y suis bel et bien arrivée à travers le parcours que je vous ai raconté ici, par le biais de ma carrière de journaliste. Je n'exclus pas l'idée qu'un moteur inconscient me portait vers cette cause, mais je vous assure qu'à aucun instant je ne me suis formulé les choses ainsi. Ce n'est qu'après avoir interviewé des dizaines de femmes et ingurgité des tonnes d'articles et de livres féministes que j'ai compris que Julia était morte parce qu'elle était une femme. Elle a été harcelée parce qu'elle était une femme. Elle n'a pas été crue parce qu'elle était une femme. Sa mort est reléguée à la rubrique «crime passionnel» parce qu'elle était une femme. Et si son assassin, un type violent, dangereux, pervers, a pu passer toute sa jeunesse à slalomer entre les gouttes, c'est parce qu'il était un homme blanc. Tout cela, je commence à peine à l'intégrer. Il y a le traumatisme qui empêche mon cerveau de fonctionner correctement lorsque je repense à cet événement, mais il y a aussi les années de sexisme intériorisé qui ont fait que, lorsque je le vivais, j'étais incapable de voir que ce qui avait coûté la vie à ma sœur était un système.

Je sais pourquoi je n'ai rien dit jusqu'ici. J'avais honte. Victime collatérale, j'avais honte. Comme toutes les

Conclusion

victimes. J'avais peur, aussi, qu'on m'en parle trop, qu'on m'en parle mal. Je pressentais les inepties que j'allais lire à droite, à gauche. Lauren révèle son lourd secret. Elle venge sa sœur en devenant féministe. Le combat enragé de la femme traumatisée. D'ailleurs, à l'instant même, j'ai peur que tout ce que j'ai écrit dans ce livre d'important, d'universel, ne soit relégué au second plan par cette révélation brûlante. Je me projette dans une émission de télévision, après la sortie de ce livre, où au lieu de me parler d'espace public et de silenciation des femmes victimes de viol, on me jettera à la figure le prénom de ma sœur et le poids de mon trauma. J'imagine les larmes qui monteraient et le rouge sur mes joues. C'est tellement difficile de dire «je». Je crois que je peux l'écrire, mais toujours pas le prononcer. S'il y a parmi vous des journalistes, je vous demande ceci : soyez à la hauteur. Je ne veux pas que vous racontiez l'histoire de Julia. Servez-vous de son histoire pour comprendre et raconter l'histoire des femmes dans la société. Ouvrez les yeux et reliez les points entre eux. Si vous les ouvrez bien, vous réaliserez que le monde est en train de changer. Les femmes osent parler. La honte change de camp. Les vieux mécanismes patriarcaux tombent un à un. C'est pour cela que j'ai écrit ce livre dans un élan d'urgence. Je veux cristalliser ce moment que nous vivons, car je suis convaincue que nous sommes à un tournant. Et quand je vois ce monde qui tremble si fort, je me dis que Julia, aujourd'hui, aurait peut-être réussi à venir s'installer dans son studio, tout près de chez moi, à Paris.

REMERCIEMENTS

Merci immense à Zisla Tortello, ma petite sœur de cœur, pour le travail de documentation et de références effectué pour ce livre et le soutien précieux qu'elle m'apporte depuis six ans. Merci à l'équipe du Carreau du Temple, Sandrina Martins, Guillaume Perez et Maële Bescond, pour son accueil chaleureux et son action engagée. Merci à Louise Giovannangelli d'être venue me chercher avec ce projet et à Guillaume Allary pour son accompagnement plein de bienveillance. Merci à Léa Lejeune, à Daria Marx, à Océan et à Gaïa Marty pour leurs relectures attentives. Merci à mes ami·e·s militant·e·s, Elisa, Caroline, Rebecca, Victoire, Amandine, Penelope, Johanna, Karlota, Titiou, Élise, Ovidie, Fanny, Clémentine, Douce, Juliet et les autres, pour les discussions à bâtons rompus, les conversations WhatsApp pleines d'émojis et les apéros du rire aux larmes. Merci à Inês. Merci aux Poudreux de mon cœur, Anthony, Miguel et Franck. Merci à mon directeur de mémoire Maxime Cervulle et à tou·te·s les enseignant·e·s de Paris 8 qui m'ont accompagnée pendant mon master en études de genre. Merci à mes invitées de *La Poudre* et des «Savantes» : j'ai tout appris de vous. Merci aux chercheuses et aux militantes féministes d'aujourd'hui et du passé : je ne suis qu'une passeuse de vos idées. Merci à toutes les femmes qui me suivent sur les réseaux sociaux, écoutent mes podcasts, assistent à mes conférences et m'envoient des milliers de messages d'encouragement et de remerciements. Vous êtes mon moteur et mon carburant. Merci à mon associé en or, Julien Neuville, et à toute l'équipe

Présentes

de Nouvelles Écoutes. Merci à mes amies-sœurs, Marie-Laetitia, Sarah, Abi, Amélie, Élise, Laura. J'aimerais pouvoir me matérialiser auprès de vous plus souvent. Merci à mes parents, Brigitte et Gil, et à mes autres parents, Sylvie et Pascal, Gérald et Cathy, Catherine et Philippe, de déverser sur moi, depuis quarante ans, une telle quantité d'amour. Merci à Christophe, que j'aimerai toujours, et à mes deux merveilles, M. et H., qui vont changer le monde. Merci aux femmes qui ont parlé, merci aux femmes qui n'ont pas parlé. Je serai toujours de votre côté.

SOURCES

Chapitre 1. Présentes dans la ville

LIVRES

Arnaud Alessandrin et Karine Espineira, *Sociologie de la transphobie*, Maison des sciences de l'homme d'Aquitaine, (MSHA), 2016

Elisabeth Auberbacher, *Babette, handicapée méchante*, Stock, 2015

Pénélope Bagieu, *Culottées* (en 2 tomes), Gallimard, 2016-2017

Simone de Beauvoir, *Le Deuxième Sexe*, Gallimard, 1986

Hanane Charrihi et Elena Brunet, *Ma mère patrie. Face aux attentats*, Éditions de La Martinière, 2017

Mona Chollet, *Beauté fatale. Les nouveaux visages d'une aliénation féminine*, La Découverte, 2015

Alice Coffin, *Le Génie lesbien*, Grasset, 2020

Jacqueline Coutras, *Crise urbaine et espaces sexués*, Armand Colin, 1996

Gabrielle Deydier, *On ne naît pas grosse*, Éditions Goutte d'Or, 2017

Rokhaya Diallo, *La France, tu l'aimes ou tu la fermes ?* Textuel, 2019

Geneviève Fraisse, *Muse de la raison*, Alinea Éditions, 1989

Silvia Federici, *Caliban et la Sorcière*, Entremonde, 2017

Jürgen Habermas, *L'Espace public : archéologie de la publicité comme dimension constitutive de la société bourgeoise*, Payot, 1997

Nadia Henni-Moulaï, *Petit Précis d'islamophobie ordinaire*, Éditions Les points sur les i, 2012

Delphine Horvilleur, *Réflexions sur la question antisémite*, Grasset, 2019

Présentes

Ellie Irving, *L'Effet Matilda*, Castelmore, 2017

Saba Mahmood, *Politique de la piété. Le féminisme à l'épreuve du renouveau islamique*, La Découverte, 2009

Daria Marx et Eva Perez-Bello, *Gros n'est pas un gros mot*, Librio, 2018

Guy Di Méo, *Les Murs invisibles. Femmes, genre et géographie sociale*, Armand Colin / Recherches, 2011

Fatima Mernissi, *Le Harem politique. Le Prophète et les femmes*, Albin Michel, 1987

Jack Parker et collectif, *Lettres à l'ado que j'ai été*, Flammarion, 2018 (vous y trouverez un texte où je raconte le harcèlement de rue que je subissais adolescente)

Marylène Patou-Mathis, *Neandertal de A à Z*, Allary Éditions, 2018

Michelle Perrot, *Les Femmes ou les silences de l'histoire*, Flammarion, 2012

Noémie Renard, *En finir avec la culture du viol*, Les Petits Matins, 2018

Edward Saïd, *L'Orientalisme : l'Orient créé par l'Occident*, Le Seuil, 2015

Élise Thiébaut, *Mes ancêtres les Gauloises. Une autobiographie de la France*, Cahiers libres, La Découverte, 2019

Monique Wittig, *La Pensée straight*, Éditions Amsterdam, 2018

Faïza Zerouala, *Des voix derrière le voile*, Premier Parallèle, 2013

ARTICLES UNIVERSITAIRES

«Antisexisme ou antiracisme ? un faux dilemme (quatrième partie)», Christine Delphy, *Les mots sont importants*, 2017

«The Personal is Political», Carol Hanisch, *Notes from the Second Year: Women's Liberation*, 1969 (disponible sur carolhanisch.org)

«Assignation à l'altérité radicale et chemins d'émancipation : étude de l'agency de femmes musulmanes françaises», Hanane Karimi, *Thèses.fr*, 2018

Annexes

«Les statues de femmes célèbres érigées à Paris de 1870 à nos jours. Entre lieux de mémoire et espace d'investissement», Christel Sniter, *Femmes et villes*, éditions Presses universitaires François-Rabelais, 2004

«Toutes les féministes ne sont pas blanches», Françoise Vergès, *Le Portique*, 39-40, 2017 (disponible sur journals.openedition.org)

AUTRES RESSOURCES

À écouter :

«Les Savantes», par Lauren Bastide, France Inter, avec Isabelle Ville, sociologue spécialiste des questions liées au handicap, 11 août 2018

«Les Savantes», par Lauren Bastide, France Inter, avec Bibia Pavard, historienne, 14 juillet 2018

«Les Savantes», par Lauren Bastide, France Inter, avec Marylène Patou-Mathis, préhistorienne, 30 juin 2018

Podcast *Les Couilles sur la table*, épisode 25, «Des villes viriles», animé par Victoire Tuaillon et produit par Binge Audio, septembre 2017

Podcast *On Hair*, épisode 17, «Porter le voile : la réappropriation de son corps pour Dieu», soundcloud On Hair, par Linda Chibani, décembre 2019

Podcast *Modern Love*, épisode «Who's aloud to hold hands ?», novembre 2019

Podcast *Paroles de femmes*, produit par Dialna, mai 2019

Podcast *Présent·e·s avec Lauren Bastide*, épisode 6, avec Hanane Karimi, soundcloud du Carreau du Temple, mars 2019

Podcast *Présent·e·s avec Lauren Bastide*, épisode 5, avec Chris Blache et Pascale Lapalud, soundcloud du Carreau du Temple, février 2019

Podcast *Présent·e·s avec Lauren Bastide*, épisode 1, avec Elisa Rojas, soundcloud du Carreau du Temple, octobre 2018

Présentes

Podcast *La Poudre*, épisode 34, avec Daria Marx, produit par Nouvelles Écoutes, juillet 2018

La série «Attention handicapée méchante», de l'émission «Une histoire particulière», France Culture, juin 2018

Podcast *Spla$h*, épisode «Intégrer les personnes en situation de handicap coûte-t-il si cher?», produit par Nouvelles Écoutes, novembre 2017

À voir :

«Ma vie en gros», documentaire de Daria Marx, France 2, février 2020

«De la dualité à la complexité», TEDx de Chris Blache, novembre 2017

«J'en ai marre d'être une femme : le harcèlement de rue», TEDx de Anaïs Bourdet, février 2017

«I am not your inspiration, thank you very much», TED Talks de Stella Young, juin 2014

À lire :

La carte interactive pour découvrir le matrimoine parisien créée par des étudiant·e·s de l'École du Louvre : https ://matrimoine-parisien.home.blog

COLLECTIFS ET ASSOCIATIONS

Association Acceptess-T
Association des journalistes LGBT (AJL)
Collectif Collage féminicides
Collectif contre l'islamophobie en France (CCIF)
Association Espace Santé Trans
Collectif Féministes contre le cyberharcèlement
Collectif féministe contre le viol (CFCV)
Collectif Gras Politique

Annexes

Think Tank Genre et Ville
Collectif Les femmes dans la mosquée
Collectif lutte et handicaps pour l'égalité et l'émancipation (Clhee)
Association OUTrans

Chapitre 2. Présentes dans les médias

LIVRES

Maya Angelou, *Tant que je serai noire,* Le Livre de Poche, 2009

Mary Beard, *Les Femmes et le pouvoir,* Perrin, 2018

Jessica Bennett, *Le Fight Club féministe. Manuel de survie en milieu sexiste,* Autrement, 2016

Maxime Cervulle, *Dans le blanc des yeux. Diversité, racisme et médias,* Éditions Amsterdam, 2013

Anaïs Condomines et Emmanuelle Friedmann, *Cyberharcèlement. Bien plus qu'un mal virtuel,* Éditions Pygmalion, 2019

Angela Davis, *Femmes, race et classe,* Éditions des femmes - Antoinette Fouque, 2020

Christine Delphy, *Un universalisme si particulier,* Éditions Syllepse, 2010

Richard Dyers, *White. Essays on Race and Culture,* Routledge Library Editions, 1977

Frantz Fanon, *Peaux noires, masques blancs,* Seuil, 2015

Susan Faludi, *Backlash. La guerre froide contre les femmes,* Éditions des femmes - Antoinette Fouque, 1993

Iris Gaudin, *Face à la Ligue du Lol. Harcèlement et sexisme dans les médias,* Massot Éditions, 2020

Françoise Giroud, *Histoire d'une femme libre,* Gallimard, 2015

Olympe de Gouges, *Déclaration des droits de la femme et de la citoyenne,* Mille et Une Nuits, 2020

Colette Guillaumin, *L'Idéologie raciste,* Gallimard, 2012

Annexes

bell hooks, *De la marge au centre*, Cambourakis, 2017

bell hooks, *Ne suis-je pas une femme?*, Cambourakis, 2015

Aurore Koechlin, *La Révolution féministe*, Éditions Amsterdam, 2019

Asma Lamrabet, *Islam et femmes*, Gallimard, 2018

Elisabeth Lebovici, *Ce que le sida m'a fait. Art et activisme à la fin du XXᵉ siècle*, JRP Ringier, 2017

Audre Lorde, *Sister Outsider*, Éditions Mamamelis, 2018

Paul B. Preciado, *Testo Junkie*, Grasset, 2008

Valérie Rey-Robert, *Une culture du viol à la française*, Libertalia, 2019

Réjane Sénac, *L'Égalité sans condition. Osons nous imaginer et être semblables*, Rue de l'échiquier, 2019

Rebecca Solnit, *Ces hommes qui m'expliquent la vie*, Éditions de L'Olivier, 2018

Gloria Steinem, *Ma vie sur la route*, HarperCollins, 2020

Ida B. Wells, *Les Horreurs du Sud*, Éditions Markus Haller, 2016

Monique Wittig, *Les Guérillères*, Éditions de Minuit, 2019

ARTICLES UNIVERSITAIRES

«Missing the Story», Jelanni Cobb, *Colombia Journalism Review*, 2018

«Demarginalizing the Intersection of Race and Sex : A Black Feminist Critique of Antidiscrimination Doctrine, Feminist Theory and Antiracist Politics», Kimberlé Crenshaw, *University of Chicago Legal Forum*, Iss. 1, article 8, 1989

«Rethinking the Public Sphere : A Contribution to the Critique of Actually Existing Democracy», Nancy Fraser, *Social Text*, n° 25/26, p. 56-80, Duke University Press, 1990

«Rethinking Standpoint Epistemology : What is "Strong Objectivity?", Sandra Harding, The Centennial Review, vol. 36, n° 3, p. 437-470, 1992

Présentes

«Les portes fermées du journalisme. L'espace social des étudiants des formations "reconnues"», Géraud Lafarge et Dominique Marchetti, *Actes de la recherche en sciences sociales*, 2011

AUTRES RESSOURCES

À écouter :

«Les Savantes», par Lauren Bastide, France Inter, avec Nelly Quemener, sociologue en sciences de l'information et de la communication, 29 juillet 2017

«Les Savantes», par Lauren Bastide, France Inter, avec Réjane Sénac, politologue, 22 juillet 2017

Podcast *La Poudre*, épisode 56, avec Gloria Steinem, produit par Nouvelles Écoutes, juillet 2019

Podcast *Les Couilles sur la table*, épisode 37, «Les vrais hommes ne violent pas», animé par Victoire Tuaillon et produit par Binge Audio, septembre 2017

Podcast *Women Sport Stories*, créé par la journaliste sportive Syra Sylla, mars 2019

Podcast *Présent·e·s avec Lauren Bastide*, épisode 3, avec Alice Coffin, soundcloud du Carreau du Temple, décembre 2018

Podcast *Présent·e·s avec Lauren Bastide*, épisode 2, avec Rokhaya Diallo, soundcloud du Carreau du Temple, novembre 2018

Podcast *Miroir miroir*, animé par Jennifer Padjemi et produit par Binge Audio, septembre 2018

Podcast *Quouïr*, animé par Rozenn Le Carboulec, produit par Nouvelles Écoutes, juillet 2018

Podcast *La Poudre*, épisode 30, avec Aïssa Maïga, produit par Nouvelles Écoutes, mai 2018

Podcast *Sorociné* sur les femmes dans le cinéma, animé par Pauline Mallet, mars 2018

Podcast *La Poudre*, épisode 24, avec Sarah Zouak, produit par Nouvelles Écoutes, janvier 2018

Annexes

Podcast *Quoi de Meuf*, animé par Clémentine Gallot et produit par Nouvelles Écoutes, décembre 2017

Podcast *La Poudre*, épisode Bonus – bibliothèque Marguerite Durand, produit par Nouvelles Écoutes, novembre 2017

Podcast *Un podcast à soi*, animé par Charlotte Bienaimé et produit par Arte Radio, octobre 2017

Podcast *La Poudre*, épisode 19, avec Latifa Ibn Ziaten, produit par Nouvelles Écoutes, octobre 2017

À regarder :

«Qu'est-ce que le *manterrupting*? What is *manterrupting*?», chaîne Youtube de Rokhaya Diallo, novembre 2017

Mariam, film réalisé par Faiza Ambah, 2015

«Les réseaux de la haine», documentaire réalisé par Rokhaya Diallo et produit par Mélissa Theuriau, *LCP*, 2014

À lire :

«Le traitement médiatique des violences faites aux femmes – Outils à l'usage des journalistes», téléchargeable sur le site de Prenons la une : prenons-la-une.tumblr.com.

Newsletter Les Glorieuses

Newsletter What's Good

Newsletter Women who do stuff.

COLLECTIFS / ASSOCIATIONS

Association Act Up-Paris

Collectif Bas les pattes

Mouvement Black Lives Matter

Groupe Égaé

Association Les Indivisibles

Association Lallab

Mouvement March for Our Lives

Présentes

Collectif Nous Toutes
Collectif Oui Oui Oui
Association Prenons la une

Chapitre 3. Présentes en résistance

LIVRES

Sarah Abitbol, *Un si long silence*, Plon, 2020

Corinne App, *Quarante Ans de slogans féministes*, Éditions iXe, 2011

Hannah Arrendt, *Le Système totalitaire*, Points, 2005

Sarah Barmak, *Jouir. En quête de l'orgasme féminin*, Zones, 2019

Aude Bernheim et Flora Vincent, *L'Intelligence artificielle, pas sans elles*, Belin, 2019

Iris Brey, *Le Regard féminin, une révolution à l'écran*, Éditions de l'Olivier, 2020

Judith Butler, *Ces corps qui comptent. De la matérialité et des limites discursives du « sexe »*, Éditions Amsterdam, 2018

Judith Butler, *Trouble dans le genre*, La Découverte, 2006

Alison Bechdel, *L'Essentiel des gouines à suivre*, Éditions Même pas mal, 2016

Camille, *Je m'en bats le clito !* Kiwi, 2019

Collectif NCNM, *Notre corps nous-mêmes*, Hors d'atteinte, 2020

Maryse Condé, *Moi, Tituba sorcière... Noire de Salem*, Gallimard, 1988

Caroline Criado-Perez, *Femmes invisibles. Comment le manque de données sur les femmes dessine un monde fait pour les hommes*, First Éditions, 2020

Mélanie Déchalotte, *Le Livre noir de la gynécologie*, First Éditions, 2017

Chloé Delaume, *Mes biens chères sœurs*, Le Seuil, 2019

Présentes

Muriel Douru, *Dis… Mamans*, KTM Éditions, 2019

Emma, *Un autre regard* (en 3 tomes), Massot Éditions, 2017-2018

Annie Ernaux, *L'Évènement*, Gallimard, 2000

Annie Ernaux, *Mémoire de fille*, Gallimard, 2016

Lin Farley, *Sexual Shakedown. The Sexual Harassment of Women on the Job*, McGraw-Hill, 1978

Sara R. Farris, *In the Name of Women's Rights. The Rise of Femonationalism*, Duke University Press, 2017

Sylvia Federici, *Le Capitalisme patriarcal*, La Fabrique éditions, 2019

Nancy Fraser, Cinzia Arruzza et Tithi Bhattacharya, *Féminisme pour les 99 %*, La Découverte, 2019

Colette Guillaumin, *Sexe, race et pratique du pouvoir. L'idée de la nature*, Éditions iXe, 2016

bell hooks, *Feminism is for Everybody. Passionate Politics*, Éditions Pluto Press, 2000

Alexandra Hubin et Caroline Michel, *Entre mes lèvres, mon clitoris. Confidences sur un organe mystérieux*, Éditions Eyrolles, 2018

Eve Kosofsky Sedgwick, *Épistémologie du placard*, Éditions Amsterdam, 2008

Marie Laguerre, *Rebellez-vous !*, Éditions de l'Iconoclaste, février 2020

Marie-Hélène Lahaye, *Accouchement. Les femmes méritent mieux*, Michalon, 2018

Teresa de Lauretis, *Technologies of Gender. Essays on Theory, Film, and Fiction*, Bloomington Indiana University Press, 1987

Violette Leduc, *Thérèse et Isabelle*, Gallimard, 2013

Violette Leduc, *La Bâtarde*, Gallimard, 1996

Catharine A. MacKinnon, *Sexual Harassment of Working Women*, Yale University Press, 1979

Aïssa Maïga, *Noire n'est pas mon métier* (avec Nadège Beausson-Diagne, Mata Gabin, Maïmouna Gueye, Eye Haïdara, Rachel Khan, Sara Martins, Marie-Philomène Nga, Sabine Pakora, Firmine Richard, Sonia Rolland, Magaajyia Silberfeld, Shirley Souagnon, Assa Sylla, Karidja Touré et France Zobda), Le Seuil, 2018

Annexes

Nicole-Claude Mathieu, *L'Anatomie politique*, Éditions iXe, 2013

Maïa Mazaurette, *Le Sexe selon Maïa. Au-delà des idées reçues*, La Martinière, 2020

Robin Morgan, *Sisterhood is Powerful*, Washington Square Press, 2003

Laura Muley, *Afterimages On Cinema, Women and Changing Times*, Reaktion Books, 2020

Laura Nsafou, *Comme un million de papillons noirs*, Cambourakis, 2017

Jüne Plã, *Jouissance Club*, Marabout, 2020

Sylvia Plath, *Œuvres*, Gallimard, 2011

Adrienne Rich, *La Contrainte à l'hétérosexualité et autres essais*, éditions Mamamélis, 2010

Juliette Rousseau, *Lutter ensemble*, Éditions Cambourakis, 2018

Maboula Soumahoro, *Le Triangle et l'Hexagone*, La Découverte, 2020

Gayatri Spivak, *Les subalternes peuvent-elles parler?*, Éditions Amsterdam, 2009

Paola Tabet, *Les Doigts coupés*, Éditions La Dispute, 2018

Françoise Verges, *Un féminisme décolonial*, La Fabrique éditions, 2019

Simone Weil, *La Pesanteur et la Grâce*, Plon, 2019

Virginia Woolf, *Une chambre à soi*, 10/18, 2001

ARTICLES UNIVERSITAIRES

«Le féminisme matérialiste, une analyse du patriarcat comme système de domination autonome», Anne Clerval et Christine Delphy, *Espace et rapports de domination*, Presses universitaires de Rennes, 2015

«Déclaration du Combahee River Collective», Combahee River Collective traduction de Jules Falquet, *Les cahiers du Cedref*, 2006

«Les femmes noires diplômées face au poids des représentations

Présentes

et des discriminations en France», Carmen Diop, *Hommes &
migrations*, 1292, 92-102, 2011

«Du patriarcat au fratriarcat. La parité comme nouvel horizon du
féminisme», Françoise Gaspard, *Cahiers du genre*, hors-série,
2011, p. 135-156.

«The Role of Rookie Female Directors in a Post-Quota Period :
Gender Inequalities within French Boards», Antoine Rebérioux
et Gwenaël Roudaut, *Industrial Relations*, vol. 58, n° 3, 2019

«Évolution du nombre d'interruptions de grossesse en France
entre 1976 et 2002», Clémentine Rossier et Claudine Pirus,
Population, vol. 62, 2007

«Toutes les féministes ne sont pas blanches», Françoise Vergès, *Le
Portique* [En ligne], p. 39-40, 2017

AUTRES RESSOURCES

À écouter :

«Les Savantes», par Lauren Bastide, France Inter, avec Aude
Bernheim, biologiste et spécialiste de l'intelligence artificielle,
21 juillet 2018

«Les Savantes», par Lauren Bastide, France Inter, avec Maboula
Soumahoro, angliciste et spécialiste des diasporas africaines,
28 juillet 2019

«Les Savantes», par Lauren Bastide, France Inter, avec Odile Fillod,
chercheuse indépendante, 11 août 2018

«Les Savantes», par Lauren Bastide, France Inter, avec Françoise
Verges, politologue, 11 août 2018

Podcast *Présent·e·s avec Lauren Bastide*, épisode 8, avec Marie
Dasylva, soundcloud du Carreau du Temple, mai 2019

Podcast *Présent·e·s avec Lauren Bastide*, épisode 4, avec Caroline de
Haas, soundcloud du Carreau du Temple, janvier 2019

Podcast *Présent·e·s avec Lauren Bastide*, épisode 3, avec Alice Coffin,
soundcloud du Carreau du Temple, avril 2019

Annexes

Podcast *Les Couilles sur la table*, épisode 37, «Les vrais hommes ne violent pas», par Victoire Tuaillon, produit par Binge Audio, mars 2019

Podcast *Kiffe ta race*, épisode 15, «Comment survivre au taf», Grace Ly et Rokhaya Diallo, produit par Binge Audio, mars 2019

Podcast *Kiffe ta race*, épisode 13, «Comment être un bon allié·e?», Rokhaya Diallo et Grace Ly, produit par Binge Audio, février 2019

Podcast *Clitosaure*, animé par Adèle Bellanger, mars 2019

Podcast *Voxx*, août 2018

Podcast *Me My Sex and I*, animé par Axelle Jah Njiké, mai 2018

Podcast *Yesss*, animé par Elsa Miské, Margaïd Quioc et Anaïs Bourdet, produit par La Podcast Factory, octobre 2018

Podcast *Un Podcast à Soi*, épisode 9, «La révolution sera féministe», produit par Arte Radio, octobre 2018

Épisode «La relation soignant/soigné», Mélanie Déchalotte, La série documentaire, *France Culture*, novembre 2017

Podcast *La Poudre*, épisode documentaire, «La Marche», produit par Nouvelles Écoutes, mars 2017

Podcast *Better Call Marie*, de Marie Dasylva

À voir :

Portrait de la Jeune Fille en feu, film réalisé par Céline Sciamma, 2019

La retransmission des discours à la Women's March de Washington (sur la chaîne Youtube de ABC News), janvier 2017

«Ouvrir la Voix», documentaire réalisé par Amandine Gay, 2016

Divines, film réalisé par Houda Benyamina, 2016

«Vers la Tendresse», documentaire réalisé par Alice Diop, 2015

La Leçon de piano, film réalisé par Jane Campion, 1993

Madame a ses envies, court-métrage réalisé par Alice Guy, 1906

Présentes

À consulter :
Le site de recommandations littéraires La Poudre Lit
Le site OMGyes dédié au plaisir féminin
L'étude «L'industrie cinématographique mondiale perpétue la discrimination à l'égard des femmes», menée par l'ONU Femmes en 2014

Collectifs / associations

Association Aware (Archives of Women Artists, Research & Exhibitions)
Collectif des créatrices de bande dessinée contre le sexisme
Société De l'autre côté du périph' (DACP)
Association EndoFrance
Association Endomind
Groupe d'action Femen
Fondation des Femmes
Association info-endométriose
Groupe d'action La Barbe
Association Le deuxième regard
Collectif Mwasi
Agence Nkali Works
Association 1 000 Visages
Collectif 50/50 pour 2020

TABLE DES MATIÈRES

Avant-propos 7

Introduction 9

Chapitre 1. Présentes dans la ville 33

    1. Harcèlement de rue et racisme institutionnel 33

    2. Urbanisme féministe et réappropriation de l'espace public . 43

    3. Validisme, grossophie, lesbophobie, transphobie,
    islamophobie : les corps exclus de la ville 53

Chapitre 2. Présentes dans les médias 95

    1. Journalistes et militantes 95

    2. Le long monologue du mâle blanc 123

    3. Internet : un espace public au rabais ? 142

Chapitre 3. Présentes en résistance 165

    1. Petit rappel des faits 165

    2. Permettre aux femmes de dire «je» 187

    3. Favoriser la création féminine 202

    4. Faire la révolution 221

Conclusion 245

Remerciements 251

Sources 253

Ouvrage composé en Plantin
par Dominique Guillaumin, Paris

Cet ouvrage a été imprimé sur du papier issu
de forêts gérées de manière responsable.

ISBN : 978-2-37073-325-2

CET OUVRAGE
A ÉTÉ ACHEVÉ D'IMPRIMER
SUR ROTO-PAGE
PAR L'IMPRIMERIE FLOCH
À MAYENNE EN SEPTEMBRE 2020

N° d'impression : 96775
Dépôt légal : septembre 2020
Imprimé en France